Die Reihe „Wettbewerb und Regulierung von Märkten und Unternehmen“ wird herausgegeben von

Prof. Dr. Justus Haucap,
Heinrich-Heine-Universität, Düsseldorf

Prof. Dr. Gregor Krämer,
Alanus Hochschule für Kunst und Gesellschaft, Alfter

Prof. Dr. Jürgen Kühling,
Universität Regensburg

Prof. Dr. Gerd Waschbusch,
Universität des Saarlandes, Saarbrücken

Band 46

Justus Haucap | Christiane Kehder | Ina Loebert

B2B-Plattformen

Potenziale, Hemmnisse und Handlungsoptionen am Beispiel von Nordrhein-Westfalen

Nomos

Onlineversion
Nomos eLibrary

Die Deutsche Nationalbibliothek verzeichnet diese Publikation in der Deutschen Nationalbibliografie; detaillierte bibliografische Daten sind im Internet über http://dnb.d-nb.de abrufbar.

ISBN 978-3-8487-8146-1 (Print)
ISBN 978-3-7489-2575-0 (ePDF)

1. Auflage 2021

Geleitwort von Minister Prof. Dr. Andreas Pinkwart

Die Erkenntnis, dass die Plattformökonomie, insbesondere im Business-to-Business-Bereich, enorme Chancen für unsere wirtschaftliche Zukunft bereithält, gab Anlass zu der vorliegenden Studie. Nun wird diese Erkenntnis mit dem erfreulichen Ergebnis angereichert, dass Nordrhein-Westfalen Vorreiter im Bereich der B2B-Plattformen ist. Das ist uns Ansporn, diese Position weiter auszubauen und das Potenzial der entstehenden Plattform-Märkte für die Unternehmen in Nordrhein-Westfalen nutzbar zu machen.

Dabei können wir auf zwei Standortvorteilen unseres Bundeslandes aufbauen, die die Studie benennt: dem starken industriellen Sektor und der Bedeutung von Nordrhein-Westfalen als internationalem Messestandort.

Neben weiteren konkreten Handlungsempfehlungen, die die Studie uns an die Hand gibt, bleibt es grundsätzlicher Auftrag, mit entsprechenden Rahmenbedingungen ein günstiges Umfeld für Unternehmen mit innovativen digitalen Ansätzen zu schaffen. Daran arbeiten wir im Land, dazu gehören aber auch die von der Europäischen Kommission angekündigten Rechtsakte – der Digital Services Act und der Digital Markets Act – sowie die 10. GWB-Novelle des Bundes. Von der GAIA-X-Initiative, an der zahlreiche nordrhein-westfälische Akteure beteiligt sind, können wir ebenfalls starke Effekte erwarten.

Mit 66 B2B-Plattformen haben wir in Nordrhein-Westfalen bereits eine starke Basis. Nun wird es darum gehen, diese positive Ausgangslage fortzuentwickeln: Wir wollen stärker für die zunehmende Bedeutung der Plattformökonomie sensibilisieren und unsere Unternehmerinnen und Unternehmer ermutigen, die Welt der digitalen Marktplätze für sich zu erschließen.

Dazu können auch die Plattform-Unternehmen beitragen. Ihre Präsentation auf der nordrhein-westfälischen Bühne beim Digital-Gipfel 2019 hat dem Publikum aus ganz Deutschland demonstriert, welches Potenzial in unserem Bundesland vorhanden ist. Dies zeigt eindrucksvoll, wie Unternehmen als Motivator wirken können. Die vorliegende Studie knüpft auch daran an und kann sicher ihrerseits Motivation geben, das Potenzial der B2B-Plattformen in Nordrhein-Westfalen zu heben.

Prof. Dr. Andreas Pinkwart

Minister für Wirtschaft, Innovation, Digitalisierung und Energie
des Landes Nordrhein-Westfalen

Inhaltsverzeichnis

Vorwort

Alphabet (Google), Amazon, Facebook, Apple und Microsoft, die sog. GAFAM-Konzerne, sind heute die wertvollsten Unternehmen der Welt. Die Giganten der Plattform-Ökonomie dominieren heute wichtige Bereiche im Leben vieler Menschen. Während jedoch bei Business-to-Consumer-Plattformen (B2C) bereits ein rasantes Wachstum stattgefunden hat, ist dies im Business-to-Business-Bereich (B2B) bisher weniger der Fall. Jedoch ist aufgrund der Effizienzpotenziale ein hohes Wachstum auch im Bereich der B2B-Plattformen zu erwarten.

Vor diesem Hintergrund und der ungebremsten Dynamik, welche digitale Technologien und darauf basierende Geschäftsmodelle aufweisen, wurde die DICE Consult, unter Federführung von Prof. Dr. Justus Haucap, vom Ministerium für Wirtschaft, Innovation, Digitalisierung und Energie des Landes Nordrhein-Westfalen (MWIDE) mit der vorliegenden Studie über „B2B-Plattformen in Nordrhein-Westfalen: Potenziale, Hemmnisse und Handlungsoptionen" beauftragt. Für Nordrhein-Westfalen wurde wissenschaftlich untersucht, welche Potenziale für den Aufbau von Plattformen im B2B-Bereich liegen, aber auch welche Hemmnisse der Standort Nordrhein-Westfalen für den Aufbau von B2B-Plattformen gegebenenfalls mit sich bringt und wie Potenziale weiter gefördert sowie Hemmnisse abgebaut werden können.

Für Nordrhein-Westfalen wurden in dieser Studie in Bezug auf die B2B-Plattformökonomie zwei wesentliche Standortvorteile identifiziert: Zum einen der starke industrielle Sektor, etwa im Bereich Maschinenbau, Chemische Industrie oder der Stahl- und Metallindustrie und -Verarbeitung, der insgesamt große Chancen im Industrial Internet of Things (IIoT), aber auch für andere B2B-Plattformen eröffnet. Zum zweiten profitiert Nordrhein-Westfalen davon, Standort für viele internationale Messen zu sein, was ein erhebliches Potenzial für Online- Marktplätze birgt. Der starke industrielle Sektor und die Messen sind zwei wesentliche Standortvorteile, die Nordrhein-Westfalen von anderen Bundesländern in Deutschland abgrenzt.

Festzuhalten ist allerdings auch, dass sich B2C-Plattformen von B2B-Plattformen in einigen Aspekten unterscheiden. Zum einen spielt der Aufbau von Vertrauen eine erheblich bedeutendere Rolle bei Unternehmen als bei Privatkunden. Während letztere oftmals geradezu leichtfertig ihre

Daten preisgeben, legen Unternehmen regelmäßig großen Wert auf die Sicherheit ihrer Daten. Zudem verlagern Unternehmen vor allem dann Transaktionen auf Plattformen, wenn sie auf den langfristigen Fortbestand der Plattform vertrauen. Zum anderen sind B2B-Plattformen oftmals deutlich branchenspezifischer und ihr Betrieb erfordert regelmäßig ein detailliertes Branchen-Know-how. Ihre Skalierbarkeit ist daher im Vergleich zu B2C-Plattformen oftmals beschränkter. Gleichwohl sind die Perspektiven für das Wachstum von B2B-Plattformen in vielen Wirtschaftsbereichen aufgrund der Effizienzpotenziale als hoch einzuschätzen.

Im Rahmen der vorliegenden Studie haben wir mit zahlreichen Expertinnen und Experten Gespräche führen können, die wertvollen Input für diese Studie geliefert haben. Besonders bedanken möchten wir uns an dieser Stelle bei Sebastian Brenner (CheMondis), Jürgen Bretfeld (Advaneo Data Marketplace), Max Dering (Cargo-Bay), Stephan Schnück (empto), Michael Frank (Enerlytics), Gunnar Gburek (Timocom), Nicolaus Gedat (nmedia), Bernd Gross (Cumulocity IoT), Dr. Markus Große Böckmann (Oculavis), Heribert-Josef Lakemeyer (Pinpools), Lotte Lehmbruck (Next Kraftwerke), Tim Milde (XOM Materials), Andre Ries (verivox), sowie Maximilian von Löbbecke (365FarmNet), die sich viel Zeit genommen haben, um mit uns ausführlich über ihre B2B-Plattformen zu sprechen. Neben B2B-Plattformunternehmen wurden auch Vertreter von DigitalHubs aus Nordrhein-Westfalen interviewt. Zu den Interviewpartner gehörten: Dr. Lorenz Gräf (STARTPLATZ), Oliver Weimann (Ruhr:HUB), Dr. Klemens Gaida (Digital Innovation Hub Düsseldorf Rheinland) und Dr. Sebastian Köffer (münsterLand.digital). Zudem fanden Gespräche mit Dr. Fabian Schnabel (Kreishandwerkerschaft Essen) und Till Knorr (expacon) statt. Ihnen sei für ihre Auskünfte und Anregungen sehr gedankt. Vielfältige Unterstützung erhielten wir auch durch Dr. Nikolaus Paffenholz und Marion Hörsken (beide IHK Düsseldorf). Auch den Mitarbeitern des Ministeriums für Wirtschaft, Innovation, Digitalisierung und Energie (MWIDE) des Landes Nordrhein-Westfalen Dank gesagt. Christian Dinnus, Michael Henze, Sebastian Ley, Dirk Schlotböller, David Stephenson und Johannes Velling (alle MWIDE) haben diese Studie mit Diskussionen und Kommentaren begleitet und so zu ihrem Gelingen fruchtbar beigetragen. Last, but not least sei Marlene Merker und Malte Prüfer für die kritische Durchsicht des Manuskriptes gedankt.

Justus Haucap Christiane Kehder Ina Loebert

Düsseldorf, im Dezember 2020

Executive Summary

Plattformmärkte, heute als *„zweiseitige"* oder auch *„mehrseitige"* Märkte bekannt, gewinnen in sämtlichen Wirtschaftsbereichen immer mehr an Bedeutung und stellen traditionelle Geschäftsmodelle vor neue Herausforderungen. So haben die sogenannten GAFA-Unternehmen (Apple, Google, Facebook und Amazon) unser herkömmliches Leben in den letzten Jahren massiv beeinflusst. Transaktionen wurden in sämtlichen Bereichen des alltäglichen Lebens erheblich vereinfacht, was zu einem bedeutsamen Nutzenzuwachs geführt hat. Die GAFA-Unternehmen decken traditionell einen Bereich von Geschäftsbeziehungen ab, der heute allgemein als *„Business-to-Consumer"* (*„B2C"*)-Bereich bezeichnet wird, also Geschäfts- und Kommunikationsbeziehungen zwischen Unternehmen und Privatpersonen abdeckt. Neben diesem B2C-Bereich ist in den letzten Jahren auch eine zunehmende Plattformnutzung im sogenannten *„Business-to-Business"* (*„B2B"*)-Bereich zu beobachten. B2B steht dabei für Geschäfts- und Kommunikationsbeziehungen zwischen verschiedenen Unternehmen. Auch im Geschäftskundenbereich können Plattformen zu einer erheblichen Senkung von Transaktionskosten auf sämtlichen Stufen der unternehmerischen Wertschöpfung beitragen und so die Effizienz der Unternehmen stark erhöhen. Es ist davon auszugehen, dass digitale Plattform-Geschäftsmodelle das wirtschaftliche Geschehen in Zukunft zentral steuern werden.

Vor dem Hintergrund der wachsenden Bedeutung digitaler Plattformmärkte im Geschäftskundenbereich und der ungebremsten Dynamik, welche digitale Technologien und darauf basierende Geschäftsmodelle aufweisen, wurde die DICE Consult, unter Federführung von Prof. Dr. Justus Haucap, vom Ministerium für Wirtschaft, Innovation, Digitalisierung und Energie des Landes Nordrhein-Westfalen (MWIDE) mit der vorliegenden Studie zu B2B-Plattformen in Nordrhein-Westfalen beauftragt. Dabei wurde für das Land Nordrhein-Westfalen wissenschaftlich untersucht, welche Potenziale für den Aufbau von Plattformen im B2B-Bereich liegen, aber auch welche Hemmnisse der Standort Nordrhein-Westfalen für den Aufbau von B2B-Plattformen gegebenenfalls mit sich bringt und wie Potenziale weiter gefördert sowie Hemmnisse abgebaut werden können.

Für Nordrhein-Westfalen wurden in dieser Studie in Bezug auf die B2B-Plattformökonomie zwei wesentliche Standortvorteile identifiziert: Zum einen der starke industrielle Sektor, etwa im Bereich Maschinenbau, Chemische Industrie oder der Stahl- und Metallindustrie und -verarbeitung, der insgesamt große Chancen im *Industrial Internet of Things* (IIoT), aber auch für andere B2B-Plattformen eröffnet. Zum zweiten profitiert Nordrhein-Westfalen davon, Standort für viele internationale Messen zu sein, was ein erhebliches Potenzial für Online-Marktplätze birgt. Der starke industrielle Sektor und die Messen sind zwei wesentliche Standortvorteile, die Nordrhein-Westfalen von anderen Bundesländern in Deutschland abgrenzt.

Die Unternehmenslandschaft in Nordrhein-Westfahlen im Verarbeitenden Gewerbe ist geprägt von einer engen Ballung von Großkonzernen in einzelnen Branchen sowie einer Vielzahl von kleinen und mittleren Unternehmen (KMU) und Forschungseinrichtungen. Insbesondere Maschinenbau, Chemische Industrie und Stahl- und Metallindustrie und -verarbeitung weisen ein erhebliches Effizienzsteigerungspotenzial durch B2B-Plattformen auf. Für deutsche Weltmarktführer im industriellen Bereich ergeben sich große Chancen, eine wichtige Vorreiterrolle in der B2B-Plattformökonomie einzunehmen. Viele dieser Weltmarktführer haben ihren Sitz in Nordrhein-Westfalen. Namhafte und weltbekannte Unternehmen haben erhebliche Vorteile, Vertrauensprobleme bei der Plattformgründung relativ einfach zu überwinden, da sie für Qualität, Verlässlichkeit und Beständigkeit stehen. Zudem verfügen sie über das nötige Branchen-Know-how zur Entwicklung von B2B-Plattformen in ihren Branchen. Viele Unternehmen in Nordrhein-Westfalen, insbesondere im Bereich Maschinenbau, Chemische Industrie und Stahl- und Metallindustrie und -verarbeitung, weisen damit die wesentlichen Erfolgskriterien für B2B-Plattformen auf. Durch die große Anzahl an KMU in den einzelnen Branchen in Nordrhein-Westfalen finden sich zudem relativ schnell Plattformnutzer, die zumindest in manchen Fällen bei der Plattformgründung hilfreich sein können, schnell die kritische Masse zu erreichen. Der starke industrielle Sektor bietet damit grundsätzlich optimale Bedingungen, eine Vorreiterrolle in der B2B-Plattformökonomie in einzelnen Branchen einzunehmen.

Neben dem starken industriellen Sektor profitiert Nordrein-Westfalen davon, Standort zweier international anerkannter Messegesellschaften zu sein, an denen die Landesregierung Beteiligungen hält. Messegesellschaften bieten optimale Voraussetzungen dafür, die B2B-Plattformökonomie im Bereich der Marktplätze nachhaltig zu beeinflussen, da sie über die notwendigen internationalen Kontakte und Vertriebsnetzwerke sowie das erforderliche Branchen-Know-how verfügen. Hierdurch vermögen es Messegesellschaften einfach und schnell, die wesentlichen Hemmnisse für die erfolgreiche Gründung von B2B-Plattformen wie die Schaffung von Vertrauen im Markt und die Bildung einer kritischen Masse an Teilnehmern zu überwinden. Der Markt für den B2B-E-Commerce ist eines der größten Segmente der deutschen Internetwirtschaft mit einem hohen erwarteten Wachstum in den nächsten Jahren. In diesem Bereich besteht ein erhebliches Potenzial für branchenspezifische Marktplätze. Für die Landesregierung Nordrhein-Westfalen ergibt sich damit die einmalige Chance, aktiv dazu beizutragen, Messegesellschaften mit Plattformgründern und innovativen Start-ups zusammenzubringen und zum weiteren Aufbau von Online-Marktplätzen beizutragen.

Im Bereich der Dienstleistungen wurden Potenziale für Nordrhein-Westfalen insbesondere im Bereich Gesundheitswesen, Logistik, Handel, Informations- und Kommunikationstechnologie (IKT) und der Entsorgungsbranche identifiziert. Vorteile ergeben sich hier beispielsweise durch die Ballungsräume und die Bevölkerungsdichte Nordrhein-Westfalens sowie mit Blick auf die Logistik durch die zentrale Lage zu vielen angrenzenden europäischen Ländern.

Als zentrale Hemmnisse für die Plattformnutzung und -entwicklung wurden Vertrauensprobleme identifiziert, aber auch unzureichende Digitalisierungskompetenzen in den Unternehmen sowie die Investitionen bzw. Kosten, die aufgebracht werden müssen, um B2B-Plattformen zu vertreiben. Bei der Identifizierung von Hemmnissen kann zwischen Hemmnissen für die Plattformnutzung einerseits und Hemmnissen, welche die eigene Entwicklung von B2B-Plattformen hindern, andererseits, unterschieden werden. Die Grenzen verlaufen jedoch fließend, da Faktoren, welche die Plattformnutzung auf Unternehmensseite hemmen gleichzeitig auch einen negativen Effekt auf die Entstehung neuer B2B-Plattformen entfalten, da diese nur erfolgreich sein werden, wenn entsprechend viele Unternehmen auch B2B-Plattformen nutzen. Solange es nicht gelingt, potenzielle Kunden von der Nutzung der Plattform zu überzeugen, hemmt dies natürlich auch die Entwicklung von B2B-Plattformen. Die identifizierten Hemmnisse sind grundsätzlich bei KMU und Unternehmen, die bislang keine B2B-Plattformen nutzen, größer als bei großen Unternehmen und Konzernen und solchen Unternehmen, die bereits B2B-Plattformen nutzen.

Aus den identifizierten Hemmnissen für die Plattformnutzung und -entwicklung wurden im Rahmen dieser Studie abschließend verschiedene Handlungsoptionen für die Landesregierung abgeleitet. So kann die Landesregierung beispielsweise zur Kommunikation und Bewusstseinsbildung durch zielgerichtete, branchenspezifische Veranstaltungen beitragen, etwa durch die Organisation von Netzwerkveranstaltungen. Eine gezielte Kommunikation würde insbesondere im Mittelstand zur Wissensbildung und Wahrnehmung der Potenziale von B2B-Plattformen beitragen – vor allem auch mit Blick auf die potenzielle Vorreiterrolle, die deutsche industrielle Unternehmen dabei einnehmen können. Zudem können gezielte Bildungs- und Weiterbildungsangebote zu einer Reduzierung des allgemeinen Informationsdefizits zur Plattformökonomie, aber auch ganz spezifisch zur Erhöhung von IT-Kompetenz beitragen. Hier kann die Landesregierung aktiv einen Beitrag leisten, derartige Angebote bereitzustellen und als wichtiger Vermittler fungieren, indem Veranstaltungen organisiert werden, bei denen Plattformbetreiber die Möglichkeit bekommen, ihre Lösungen bei potenziellen Plattformnutzern vorzustellen. Derartige Kommunikationsstrategien sind insbesondere auch im Hinblick auf das identifizierte Potenzial der Messen im Rahmen der Online-Marktplätze hervorzuheben. Auch hier kann es hilfreich sein, Entscheidungsträger mit Plattformgründern und -experten zusammenzubringen. Branchenverbände oder gegebenenfalls auch die Kammern oder eine Kombination aus beiden können als wichtige Kommunikatoren derartiger Veranstaltungen fungieren. Förderprogramme, in denen Unternehmen mit IT- oder Geschäftsmodell-Fachleuten zusammenarbeiten, tragen zu einer offenen Innovationspolitik bei und können dabei helfen, Informationsdefizite in Unternehmen abzubauen und gemeinsame Lösungsansätze zu erarbeiten (vgl. BMWI, 2019b, S. 62).

Eine weitere Option, die B2B-Plattformentwicklung in Nordrhein-Westfalen zu forcieren, liegt in der Förderung von Gemeinschafts-Plattformen im B2B-Bereich, z. B. in der Rechtsform einer Genossenschaft. Genossenschaften tragen durch ihre speziellen Corporate Governance-Strukturen zur Vertrauensbildung im Markt bei. Genossenschaftlich organisierte B2B-Plattformen können sich demnach eignen, das Vertrauensproblem bei der Gründung von B2B-Plattformen zu überwinden. Die Landesregierung kann hier einen Beitrag leisten, indem sie politische Entscheidungsträger, Genossenschaftsverbände, Experten sowie KMU an einen Tisch bringt und über finanzielle Anreize oder explizite staatliche Förderungsmöglichkeiten zur Gründung von genossenschaftlichen B2B-Plattformen berät.

Festzuhalten ist zuletzt auch, dass sich B2C-Plattformen von B2B-Plattformen in einigen Aspekten unterscheiden. Zum einen spielt der Aufbau von Vertrauen eine erheblich bedeutendere Rolle bei Unternehmen als bei Privatkunden. Während letztere oftmals geradezu leichtfertig ihre Daten preisgeben, legen Unternehmen regelmäßig großen Wert auf die Sicherheit ihrer Daten. Zudem verlagern Unternehmen vor allem dann Transaktionen auf Plattformen, wenn sie auf den langfristigen Fortbestand der

Plattform vertrauen. Zum anderen sind B2B-Plattformen oftmals deutlich branchenspezifischer und ihr Betrieb erfordert regelmäßig ein detailliertes Branchen-Know-how. Ihre Skalierbarkeit ist daher im Vergleich zu B2C-Plattformen oftmals beschränkter. Gleichwohl sind die Perspektiven für das Wachstum von B2B-Plattformen in vielen Wirtschaftsbereichen aufgrund der Effizienzpotenziale als hoch einzuschätzen.

1. Einleitung

Im Zuge der Digitalisierung haben sich zwei zentrale Entwicklungen vollzogen, die Wertschöpfungsketten und Wettbewerb in vielen Branchen und Märkten grundlegend verändert haben: Die zunehmende Bedeutung von Plattformen auf der einen Seite und die damit verbundene wachsende Bedeutung von Daten als wichtige Ressource auf der anderen Seite (vgl. Haucap, 2018a). Plattformmärkte, heute als *„zweiseitige"* oder auch *„mehrseitige"* Märkte bekannt, gewinnen in sämtlichen Wirtschaftsbereichen immer mehr an Bedeutung und stellen traditionelle Geschäftsmodelle vor neue Herausforderungen. So sind die sogenannten GAFA-Unternehmen (Apple, Google, Facebook und Amazon) heute nicht mehr aus unserem alltäglichen Leben weg zu denken. Nahezu täglich greifen Nutzer auf Dienste einer dieser Unternehmen zurück, sei es, um schnell noch einen Einkauf bei Amazon zu erledigen, Bekannten oder Freunden eine Nachricht zu schreiben, oder im Internet nahezu unbegrenzt nach Informationen zu suchen.

Die GAFA-Unternehmen haben unser herkömmliches Leben in den letzten Jahren zentral beeinflusst. Transaktionen wurden in sämtlichen Bereichen des alltäglichen Lebens erheblich vereinfacht, was zu einem bedeutsamen Nutzenzuwachs geführt hat. Die GAFA-Unternehmen decken traditionell einen Bereich von Geschäftsbeziehungen ab, der heute allgemein als *„Business-to-Consumer"* (*„B2C"*)-Bereich bezeichnet wird, also Geschäfts- und Kommunikationsbeziehungen zwischen Unternehmen und Privatpersonen abdeckt. Neben diesem B2C-Bereich ist in den letzten Jahren auch eine zunehmende Plattformnutzung im sogenannten *„Business-to-Business"* (*„B2B"*)-Bereich zu beobachten. B2B steht dabei für Geschäfts- und Kommunikationsbeziehungen zwischen verschiedenen Unternehmen. Auch im Geschäftskundenbereich können Plattformen zu einer erheblichen Senkung von Transaktionskosten auf sämtlichen Stufen der unternehmerischen Wertschöpfung beitragen und so die Effizienz der Unternehmen stark erhöhen. Es ist davon auszugehen, dass digitale Plattform-Geschäftsmodelle das wirtschaftliche Geschehen in Zukunft zentral steuern werden.[1]

---

1 Vgl. beispielsweise eine Studie des BMWI zur Rolle von B2B-Plattformen im Verarbeitenden Gewerbe (vgl. BMWI, 2019b) oder Simon (2013) sowie Riemensper-

Im Vergleich zum integrierten und weit gesättigten B2C-Bereich ist der B2B-Bereich nach wie vor deutlich stärker fragmentiert. Mit den GAFA-Unternehmen in Bezug auf Größe und Marktkapitalisierung vergleichbare Unternehmen haben sich im B2B-Bereich (noch) nicht etabliert. Insbesondere für führende Unternehmen in Deutschland und speziell in Nordrhein-Westfalen im industriellen Bereich stellt sich dabei die Frage, welche Möglichkeiten sich für diese ergeben, durch die Entwicklung von Plattformen die Plattformökonomie zentral mitzugestalten und internationale Marktanteile zu gewinnen. Auch im Dienstleistungssektor ist ein starkes Wachstum der Nutzung von B2B-Plattformen zu verzeichnen. Erhebliches Potenzial steckt hier beispielsweise im Bereich der Online-Marktplätze. Der Markt für den B2B-E-Commerce ist eines der größten Segmente der deutschen Internetwirtschaft, in dem zudem ein hohes Wachstum erwartet wird in den nächsten Jahren (vgl. etwa BDI, 2020; Koenen und Falck, 2020; Reinartz, Wiegand und Wichmann, 2020). Mit Blick auf die ungebremste Dynamik digitaler Technologien und Geschäftsmodelle ist schnelles Handeln gefragt, damit die Chancen der Plattformökonomie in Deutschland und Nordrhein-Westfalen nicht verpasst werden. Diese Dringlichkeit ist auch vor dem Hintergrund zu unterstreichen, dass die etablierten B2C-Plattformen das im B2B-Bereich steckende Potenzial bereits erkannt haben und erheblich in diesen Bereich investieren.

Vor diesem Hintergrund wurde die DICE Consult, unter Federführung von Prof. Dr. Justus Haucap, vom Ministerium für Wirtschaft, Innovation, Digitalisierung und Energie des Landes Nordrhein-Westfalen (MWIDE) dazu beauftragt, für das Land Nordrhein-Westfalen wissenschaftlich zu untersuchen, welche Potenziale für den Aufbau von Plattformen im B2B-Bereich liegen, aber auch welche Hemmnisse der Standort Nordrhein-Westfalen für den Aufbau von B2B-Plattformen gegebenenfalls mit sich bringt und wie Potenziale weiter gefördert sowie Hemmnisse abgebaut werden können.

---

ger und Falk (2019). Während vor zehn Jahren nur eines der zehn größten Unternehmen der Welt – Microsoft – ein plattformbasiertes Geschäftsmodell nutzte, sind von den zehn größten Unternehmen heute sieben Plattformunternehmen. Microsoft, Apple, Amazon, Alphabet, Facebook, Alibaba und Tencent konnten in nur wenigen Jahren etablierte Industrieunternehmen aus dem Verarbeitenden Gewerbe überholen. Dieser Erfolgskurs von Plattformen ist auch bei den Start-ups zu verzeichnen: Die große Mehrheit aller Unicorns (Unternehmenswert > eine Milliarde US-Dollar) nutzt plattformbasierte Geschäftsmodelle. Die Zukunft scheint den digitalen Plattformen zu gehören (vgl. BMWI, 2019b, S. 8).

Die weitere Studie gliedert sich wie folgt. In Kapitel 2 werden zentrale Grundlagen der Plattformökonomie mit besonderem Fokus auf B2B-Plattformen ausgearbeitet. Kapitel 2 enthält zudem eine dezidierte Ausarbeitung der wesentlichen Unterschiede zwischen B2B- und B2C-Plattformen. In Kapitel 3 werden Potenziale von B2B-Plattformen und wesentliche Hemmnisse bei der Nutzung und Entwicklung von B2B-Plattformen dargelegt. Neben der Auswertung wissenschaftlicher Literatur wurden leitfadengestützte Interviews mit B2B-Plattformunternehmen und DigitalHubs aus Nordrhein-Westfalen und Online-Befragungen mit in Nordrhein-Westfalen verorteten Industrie- und Handels- sowie Handwerkskammern durchgeführt. Ferner wurden ausgewählte Verbände befragt. Ziel dieser Befragungen ist, neben der Komplementierung der wissenschaftlichen Literatur auch Aussagen darüber ableiten zu können, welche Faktoren spezifisch in Nordrhein-Westfalen, die Entstehung und das Wachstum von B2B-Plattformen hemmen oder forcieren können. In Kapitel 4 erfolgt zunächst eine Bestandsaufnahme von B2B-Plattformen in Nordrhein-Westfalen und nachfolgend eine Evaluierung des Potenzials von B2B-Plattformen in ausgewählten Branchen. Abschließend werden in Kapitel 4 Spill-over-Effekte von B2B-Plattformen in Nordrhein-Westfalen diskutiert. Kapitel 5 enthält zentrale aus der Analyse abgeleitete Handlungsempfehlungen für die Landesregierung. Kapitel 6 schließt mit einem Fazit.

2. Grundlagen zu B2B-Plattformen

2.1 Definition des Plattformbegriffs

Eine allgemein anerkannte Definition für digitale Plattformen gibt es nicht, vielmehr existieren verschiedene Definitionen, die den Plattformbegriff unterschiedlich breit oder auch eng abgrenzen (vgl. z. B. Deutscher Bundestag, 2018, WD 10 - 3000 - 061/18, S. 9 f.).[2] In Abhängigkeit von der spezifischen Definition, die bei einer Untersuchung zugrunde gelegt wird, werden entsprechend unterschiedliche Online-Dienste berücksichtigt.

Im vorliegenden Gutachten wird einer eher engeren Definition des Plattformbegriffs gefolgt, wie sie beispielsweise auch von der Europäischen Kommission verwendet wurde (Europäische Kommission, 2016, S. 5):

> „*Online platform refers to an undertaking operating in two (or multi)-sided markets, which uses the internet to enable interactions between two or more distinct but interdependent groups of users so as to generate value for at least one of the groups.*"

Die Europäische Kommission stellt in ihrer Definition von Plattformen im Wesentlichen auf die Interdependenz der verschiedenen Marktseiten sowie die zwischen diesen Marktseiten existierenden Netzeffekte ab. Aus ökonomischer Sicht stellen für eine erfolgreiche Implementierung einer Plattform insbesondere die Interdependenz der verschiedenen Märkte in Kombination mit indirekten Netzeffekten eine bedeutende Herausforderung dar, weshalb diese beiden Kriterien auch die zentrale Rolle bei der Definition von Plattformen spielen sollten (vgl. auch BMWi, 2019a). Zudem ist bei mehrseitigen Plattformen, die durch indirekte Netzwerkeffekte charakterisiert sind, sehr viel häufiger das „*winner takes it all*"-Phänomen zu beobachten mit einer dominierenden Plattform, die sich keinem nennenswerten Wettbewerbsdruck durch andere Plattformen ausgesetzt sieht. Plattformen *ohne* indirekte Netzwerkeffekte können tendenziell schneller durch Wettbewerber reproduziert werden; ihre Wettbewerbsvorteile sind somit weniger nachhaltig.

---

2 Zur Problematik der Begriffsdefinition von Plattformen siehe z. B. Bundeskartellamt (2016).

Eine im Gegensatz hierzu breiter gewählte Definition findet sich beispielsweise im Grünbuch des Bundesministeriums für Wirtschaft und Energie (BMWi, 2016, S. 26):

> *„Digitale Plattformen sind internetbasierte Foren für digitale Interaktion und Transaktion. Sie werden daher auch als Intermediäre bezeichnet.“*

Die Definition des BMWi umfasst deutlich mehr Online-Dienste als die Plattform-Definition der Europäischen Kommission, die auf Mehrseitigkeit und damit insbesondere indirekte Netzwerkeffekte als Identifikationsmerkmale fokussiert.

Auch in der wissenschaftlichen Literatur existiert eine Vielzahl von Definitionen für den Plattformbegriff. Die Existenz indirekter Netzeffekte sowie die Zwei- oder Mehrseitigkeit der Märkte stellen jedoch auch in der wissenschaftlichen Literatur die zentralen Merkmale der Plattformökonomie dar (vgl. Rochet und Tirole, 2003; Armstrong, 2006; Evans und Schmalensee, 2007; Caillaud und Jullien, 2003; Haucap, 2019, 2021).

In der vorliegenden Untersuchung wird der Begriff *„Plattform“* oder *„B2B-Plattform“* ausschließlich für digitale Plattformen genutzt, die zwei- oder mehrseitig sind und indirekte Netzeffekte aufweisen. Diese Charakterisierung ist von zentraler Bedeutung, da Unternehmen heute im Rahmen ihrer Produktion auf die verschiedensten Plattform-Technologien zurückgreifen, die aber nicht immer unternehmensübergreifend eingesetzt werden, also nicht zwei- oder mehrseitig sein müssen.

2.2 B2B-Plattformen

Business-to-Business oder kurz B2B steht für Geschäftsbeziehungen zwischen zwei oder mehr Unternehmen. Auf B2B-Plattformen treffen demnach zwei oder mehr Unternehmen aufeinander, im Gegensatz zu dem eher bekannten B2C-Bereich, in dem Unternehmen mit Privatpersonen zusammenkommen. Darüber hinaus gibt es Peer-to-Peer (P2P)-Plattformen, bei denen – oftmals kommerziell vermittelt – Privatleute mit Privatleuten interagieren, wie etwa oftmals bei AirBnB. Allen Plattformmodellen (B2B und B2C) ist gemein, dass sie in der Regel selbst keine Produkte oder Dienstleistungen anbieten, sondern dass sich der Wert und der Nutzen der Plattform erst durch deren möglichst reichweitenstarke Verwendung ergibt. Eine kritische Masse an Nutzern ist damit von zentraler Bedeutung für den Erfolg einer Plattform.

Die Wertschöpfung von B2B-Plattformen liegt im Wesentlichen darin, dass sich teilnehmende Unternehmen von traditionellen linearen Wertschöpfungsketten lösen und gemeinsam mit anderen Unternehmen effiziente Lösungen entlang der Wertschöpfungskette realisieren. B2B-Plattformlösungen können hierbei in den verschiedensten Bereichen entlang der Wertschöpfungskette eingesetzt werden: Marktplätze für Unternehmensbedarfe, Anwendungen zum Logistik- und Supply-Chain[3]-Management oder die Steuerung von vernetzbaren Gegenständen, wie Maschinen und Anlagen im *Internet of Things* (*IoT*) (vgl. BDI, 2020, S. 5). In traditionellen linearen Geschäftsmodellen wird Mehrwert vorgelagert geschaffen und nachgelagert zu den Verbrauchern transferiert. In Plattformmodellen gehen die Interessen eines Akteurs weit über das einzelne Unternehmen hinaus und umfassen die Bedürfnisse eines ganzen Ökosystems. Wertschöpfungsmöglichkeiten sind nicht mehr an den Besitz der Vermögenswerte gebunden und Unternehmen müssen die Art und Weise optimieren, wie sie ihre Vermögenswerte nutzen, und sie von der Art und Weise abkoppeln, in der sie bislang Werte geschaffen haben (vgl. World Economic Forum, 2017, S. 5). In B2B-Ökosystemen wird Wert über ein dynamisches Netzwerk von Konkurrenten, Kunden und Lieferanten verteilt.[4]

---

3 Die Supply-Chain beschreibt den gesamten Prozess von der Planung, Durchführung und Kontrolle aller Aktivitäten, die im Zusammenhang mit der Produktion bis hin zum Verkauf eines Produktes oder einer Dienstleistung stehen, vom Material- und Informationsfluss beim Einkauf der Rohstoffe bis zur endgültigen Lieferung des Produkts an den Kunden. Die Lieferkette stellt damit die mehrstufige Verbindung von vor- und nachgelagerten Unternehmen dar, die von der Rohstoffgewinnung über die Veredelungsstufen bis hin zum Endverbraucher an der Wertschöpfung beteiligt sind. Globalisierung und zunehmende Durchflussraten haben zur Folge, dass Lieferketten immer umfangreicher und komplexer werden.

4 So können B2B-Plattformen im industriellen Bereich beispielsweise die Erbringung von *„as a Service“*-Diensten um bestehende Anlagen eines bzw. mehrerer Unternehmen ermöglichen. Derartige Geschäftsmodelle erlauben in Echtzeit zu erkennen, sich anzupassen und reagieren zu können. GE Aviation nutzt beispielsweise seine industrielle, cloudbasierte Analyse-Plattform, um Dienstleistungen zur Flugeffizienz anzubieten und Kunden dabei zu unterstützen, Betriebsdaten in Echtzeit in Erkenntnisse umzuwandeln. In Zusammenarbeit mit GE nutzt Quantas Daten direkt aus seinen über 300 Flugzeugen, 40 Millionen Flügen und 120 Millionen Flugstunden, um die betriebliche Flexibilität zu erhöhen, die Treibstoffeffizienz zu steigern und den Kohlenstoffausstoß zu reduzieren.

B2B-Plattformen können im Wesentlichen in zwei Kategorien aufgeteilt werden: Datenbasierte Plattformen und Transaktionsplattformen.[5]

2.2.1 Datenbasierte Plattformen

Das Geschäftsmodell von datenbasierten B2B-Plattformen basiert auf dem Generieren, Sammeln und/oder Speichern von maschinell erzeugten Daten oder durch Nutzer generierte Daten, die gegebenenfalls durch die Plattform analysiert und ausgewertet und anderen Plattformnutzern zur Verfügung gestellt werden. Die Digitalisierung hat zu einem erheblichen Zuwachs an Daten geführt. Zwar sind Daten für Unternehmen seit jeher von großer Bedeutung, zum Beispiel für die Optimierung von Produktionsprozessen oder für die Gestaltung der Produktpalette. Doch sowohl die Schnelligkeit als auch die durch die Digitalisierung reduzierten Kosten der Datenerfassung, -speicherung und -verarbeitung haben dazu geführt, dass heute immer mehr Daten genutzt werden und die Daten als kritischer Input für Produktions- und Vertriebsprozesse in vielen Bereichen wie Industrieproduktion, Logistik, Marketing, Einzelhandel, Finanzwesen und vielen anderen Bereichen der Wirtschaft immer wichtiger werden (vgl. z. B. Mayer-Schönberger und Cukier, 2013; Rogers, 2016). Nicht ohne Grund werden Daten heute oft als "*Rohstoff des 21. Jahrhunderts*" bezeichnet (siehe z. B. Haucap, 2018a, S. 95).

Für Unternehmen selbst kann es eine große Herausforderung bedeuten, diese Daten nutzeneffizient zu verarbeiten. Datenbasierte B2B-Plattformen können hier einen erheblichen Mehrwert leisten, indem sie Daten verarbeiten und aufbereiten und so die Abläufe innerhalb eines Unternehmens optimieren (vgl. Europäische Kommission, 2020, S. 10). Im Zentrum datenbasierter digitaler Plattformen steht die datenbasierte Vernetzung: Die Plattform schafft ein datenbasiertes Gesamtsystem, bei dem komplementäre Produkte (Hardware, Software, Daten und/oder Dienstleitungen) zu einem Gesamtsystem verknüpft werden (digitales Ökosystem) (vgl. Engelhardt, Wangler und Wischmann, 2017, S. 9).

Datenbasierte B2B-Plattformen spielen im industriellen Kontext eine zunehmend wichtige Rolle, wo die Produktion immer mehr auf Plattformen zur Vernetzung von Maschinen, Anlagen, Produkten und Produktionspro-

5 In der Literatur existieren teilweise auch kleinteiligere Kategorisierungen (vgl. beispielsweise BDI, 2020 sowie Koenen und Falck, 2020), wobei die übergeordneten Kategorien dabei auch die daten- und transaktionsbasierten Plattformen bilden.

zessen im IoT basiert (sogenannte *Industrial Internet of Things* (*IIoT*-)-Plattformen). Diese Plattformen werden zur digitalen Vernetzung der Produktion eingesetzt und ermöglichen die Sammlung, Analyse und Verarbeitung von Produkt- und produktionsrelevanten Daten und basierend darauf die Entwicklung neuer digitaler Dienstleistungen mit dem Ziel, die Interaktion zwischen *„Dingen"* (z. B. Maschinen) und Prozessen zu automatisieren und die Effizienz der Prozesse entlang der gesamten Wertschöpfungskette zu steigern.[6] Dabei lassen sich horizontale und vertikale Anwendungsfälle unterscheiden. Erstere führen zu Prozessverbesserungen entlang der Wertschöpfungskette eines Unternehmens und zur Verbesserung der unternehmensübergreifenden Zusammenarbeit (beispielsweise *„smart"* Supply-Chain, Optimierung der Produktionslogistik oder Bestandsoptimierung). Letztere führen Prozessverbesserungen in den einzelnen Wertschöpfungsstufen herbei (beispielsweise zur Prozessoptimierung in der Produktion).

6 Durch die Auswertung von Nutzungsdaten erlangen Maschinenbauer wichtige Informationen über ihre Kunden und die Maschinen. So werden beispielsweise bei der sogenannten Zustandsüberwachung (*„condition monitoring"*) von Maschinen und Anlagen im Produktionsablauf in Echtzeit bestimmte Zustands- und Bewegungsdaten gesammelt (beispielsweise Verbrauchsdaten für Rohstoffe, Energie oder Maschinenlaufzeiten und Stillstandzeiten etc.), um darauf basierend Prozesse oder den Anlageneinsatz zu optimieren. Die Aggregation und Auswertung dieser Daten ermöglichen die Steuerung zahlreicher Parameter der Produktion oder des gesamten Betriebs. Optimierungen sind in Bezug auf Maschinenkonfiguration, Taktzeitangleichung zwischen Bearbeitungsstationen oder Rüstzeitoptimierungen möglich. Zudem werden Prozessstabilität und Produktqualität überwacht. Diese Zustandsüberwachung ermöglicht eine Reihe von Dienstleistungen, wie beispielsweise *„Predictive Maintenance"*, die vorausschauende Wartung auf Basis der Zustandsüberwachung. Während traditionell Maschinen gemäß Zeit- und Leistungssteuerung vorbeugend gewartet wurden, lernt Predictive Maintenance von historischen und in Echtzeit verfügbaren instandhaltungsrelevanten Daten und beantwortet dadurch die Frage *„was wird wann passieren?"*. Durch die Analyse der Daten sowie der Prognose von zukünftigen Ereignissen werden Reparatur und Instandhaltung von Maschinen oder Geräten vorausschauend ermöglicht und nicht erst, wenn eine Maschine oder ein Gerät kaputt ist. Maschinennutzer können von verbesserten Services, Kostensenkungsmöglichkeiten bis hin zu Effizienzsteigerungen bei innerbetrieblichen Abläufen oder Produkten profitieren. Insbesondere in der Prozessindustrie sind erhebliche Kosteneinsparungen aufgrund der Verringerung ungeplanter Ausfallzeiten zu erwarten. Durch das Kostensenkungspotenzial sowie die Leistungsoptimierung sind derartige Anwendungen direkt ergebnisrelevant. Die Anbindung vor- und nachgelagerter Wertschöpfungsglieder an die Plattform kann zur Prozessoptimierung über die gesamte Wertschöpfungskette führen (vgl. VDMA, 2018, S. 7 ff. sowie Kapitel 3.1.1).

Das wesentliche Ziel von IIoT-Plattformen liegt somit darin, die Effizienz der betriebenen Anlagen und Prozesse innerhalb eines Unternehmens zu steigern und/oder neue Geschäftsmodelle und Umsatzpotenziale zu ermöglichen. Die Globalisierung hat in der Industrie zu einem erheblichen Effizienzdruck auf die Anlagenbetreiber geführt, der entsprechend an die Hersteller der eingesetzten Maschinen weitergegeben wird (vgl. Koenen und Falck, 2020, S. 31). Durch den bilateralen Austausch von Informationen zu einem bestimmten Maschinentyp zwischen Betreiber und Hersteller verbessert sich die Datengrundlage des Herstellers und ermöglicht es diesem den Wirkungsgrad dieser Art von Maschine basierend auf der verbesserten Datengrundlage zu erhöhen (beispielsweise durch die Reduktion von Stillständen). Auf einer IIoT-Plattform werden Informationen zu allen Maschinen aggregiert und geteilt, um die Effizienz ganzer Maschinenparks zu erhöhen (vgl. ebenda, S. 32).

2.2.2 Transaktionsbasierte Plattformen

Transaktionsbasierte B2B-Plattformen dienen als Vermittler, als digitaler Marktplatz, und haben zum Ziel, den Austausch und den Handel zwischen Anbietern und Nachfragern in einem einheitlichen digitalen Umfeld zu ermöglichen oder zu erleichtern und so die Unternehmensprozesse (Ein- und Verkauf, Logistik, Supply-Chain etc.) effizienter zu machen. Transaktionsplattformen bilden die Basisinfrastruktur des modernen E-Commerce und stellen etwa seit den 1990er-Jahren einen zunehmend wichtigeren Vertriebskanal dar (vgl. BMWi, 2019b, S. 20).

Im Bereich der transaktionsbasierten Plattformen spielen Marktplätze eine wichtige Rolle. Marktplätze im B2B-Bereich bieten für Käufer die Möglichkeit, die Einkaufsprozesse zu vereinfachen und zu standardisieren und so Transaktionskosten zu senken. Umfangreiche digitale Such- und Vergleichsmöglichkeiten erhöhen die Transparenz der Angebote und der Preise. Für Verkäufer bieten Marktplätze die Möglichkeit, neue Kundengruppen oder Märkte zu erschließen (vgl. Koenen und Falck, 2020, S. 23). Marktplätze nehmen auch für ein effizientes Supply-Chain-Management und für Logistik-Prozesse als wesentlicher Teil der Supply-Chain eine bedeutende Rolle ein. Supply-Chain- und Logistik-Plattformen ermöglichen die Zusammenführung der verschiedenen Bedürfnisse und Angebote von Spediteuren, Versendern und/oder Empfängern von Waren, um dadurch effizientere Supply-Chain- und Logistik-Prozesse zwischen Marktteilnehmern zu ermöglichen.

2.3 *Charakteristika von B2B-Plattformen und Abgrenzung zwischen B2B- und B2C-Plattformen*

Eine messerscharfe Abgrenzung zwischen B2C- und B2B-Plattformen kann zumindest in manchen Fällen mit Schwierigkeiten behaftet sein, wenn beispielsweise B2C-Plattformen gleichzeitig auch B2B-Lösungen anbieten oder andersherum. So würde man die Hotelbuchungs-Plattform HRS z. B. vermutlich dem B2C-Bereich zuordnen, da HRS von Privatpersonen zur Buchung von Hotels oder Reisen genutzt wird. Jedoch buchen auch Geschäftsleute und Unternehmen ihre Hotelaufenthalte über HRS, was letztlich auch eine Einordnung von HRS in den B2B-Bereich rechtfertigen könnte. Ebenso nutzen Geschäftsleute den Taxivermittler FreeNow und Amazon richtet sich mit Amazon Business klar an Unternehmen und Selbstständige. In Bezug auf eine Unterscheidung von B2B- und B2C-Plattformen stellt sich somit die Frage, welche Abgrenzung überhaupt möglich ist. Im Hinblick auf die Kundenstruktur werden in der vorliegenden Untersuchung nur Plattformen dem B2B-Bereich zugeordnet, bei denen der Austausch zwischen Unternehmen und Selbstständigen eindeutig im Vordergrund steht. Plattformen, die neben dem Privatkundengeschäft auch Unternehmenskunden bedienen, werden in der vorliegenden Untersuchung ausdrücklich nicht als B2B-Plattform klassifiziert. Zudem weisen B2B-Plattformen mit einem vornehmlichen Fokus auf Geschäftskunden einige Charakteristika auf, die sie von typischen B2C-Plattformen unterscheiden.[7]

Ein wesentlicher Unterschied zwischen B2B- und B2C-Plattformen liegt in ihrer Größe. So gibt es im B2B-Bereich keine vergleichbaren Plattformen zu den bekannten großen B2C-Plattformen der GAFA-Unternehmen Google, Apple, Facebook und Amazon hinsichtlich Größe und Marktkapitalisierung. Die GAFA-Unternehmen zählen heute zu den wertvollsten Unternehmen in der Welt. Ihre wirtschaftliche und globale Bedeutung

7 Sowohl im B2B- als auch im B2C-Bereich lassen sich verschiedene Arten von Plattformen unterscheiden, die für sich wiederum unterschiedliche Merkmale und Charakteristika aufweisen können. Eine pauschale Verallgemeinerung von Charakteristika und Merkmalen ist aus diesem Grund schwierig. Auch treffen nicht alle im Folgenden aufgelisteten Merkmale zwingend für jede einzelne Plattform zu. Wie die Auswertung der wissenschaftlichen Literatur ergeben hat, lassen sich insbesondere im industriellen Bereich (bei den typischerweise datenbasierten Plattformen) einige Merkmale identifizieren, die diese Plattformen eindeutig von den klassischen B2C-Plattformen abgrenzen. Mit Blick auf die transaktionsbasierten B2B-Plattformen ist diese Abgrenzung oftmals weniger klar.

wird nicht nur aufgrund ihrer hohen Marktkapitalisierung, sondern insbesondere auch im Hinblick auf ihr schnelles Wachstum und die zunehmende Bedeutung von Daten in der digitalen Welt um ein Vielfaches höher eingeschätzt (vgl. z. B. BMWi, 2019b, S. 8). Im Gegensatz zu vielen B2C-Märkten ist im B2B-Bereich häufig umfangreicher Wettbewerb zwischen Plattformen mit ähnlichen Angeboten als auch zwischen Plattformen und traditionellen Geschäftsmodellen zu beobachten (vgl. BDI, 2020, S. 6; Koenen und Falck, 2020).

Ein wesentlicher Grund für diese Größenunterschiede ist, dass sich im B2B-Bereich (noch) nicht die gleichen ökonomischen Effekte entfalten, wie sie von der Plattformökonomie im B2C-Bereich bekannt sind. Diese Unterschiede in den Wirkungsmechanismen zwischen B2B- und B2C-Plattformen sind auf mehrere Faktoren zurückzuführen: So ist zum einen zu beobachten, dass ein Gros der Plattformnutzer in der Industrie sich auf die Nutzung von unternehmenseigenen IoT-Lösungen beschränkt und bislang eine gewisse Zurückhaltung in der Nutzung von (externen) B2B-Plattformen besteht. Diese Zurückhaltung begrenzt die Entfaltung des vollen Potenzials von Netzwerk- und Skaleneffekten (vgl. BMWi, 2019b). Gründe für diese zurückhaltende Einstellung von Unternehmen gegenüber B2B-Plattformen sind insbesondere in einem mangelnden Vertrauen in Bezug auf (Daten-)Sicherheit, die Technologie oder auch hinsichtlich einer möglichen Abhängigkeit von einer Plattform zu sehen, aber auch im Misstrauen gegenüber Wettbewerbern (vgl. hierzu noch ausführlich Kapitel 3.1.2). Zum anderen handelt es sich in Deutschland bei der Mehrheit der digitalen Plattformen um geschlossene Ökosysteme, d. h. die Plattformen sind für Drittentwickler nicht zugänglich.[8] Auch hierdurch wird die Skalierung bzw. die Wachstumsfähigkeit begrenzt. Das volkswirtschaftliche Potenzial, welches die Plattformökonomie in sich birgt, liegt gerade in der Fähigkeit von Plattformen, Ökosysteme von Ressourcen und Akteuren zu orchestrieren und als Katalysatoren für die Anpassung von Unternehmen und skalierbares Wachstum zu fungieren. Die treibenden Kräfte, die einem skalierbaren Plattformwachstum zugrunde liegen, sind Netzwerkeffekte (vgl. BMWi, 2019c, S. 4).

8 Beispiele für offene Ökosysteme sind die IIoT-Plattformen Bosch IoT Suite und Siemens MindSphere. Diese Arten von Plattformen verbinden Maschinen verschiedener Hersteller digital miteinander und ermöglichen die Nutzung datenbasierter "*intelligenter Dienste*" (Smart Services), die von Drittentwicklern als Teil des Ökosystems einer Plattform bereitgestellt werden können (vgl. BMWi, 2019c, S. 4).

Der B2B-Bereich weist zudem im Vergleich zum B2C-Bereich einige weitere Eigenschaften auf, welche die Vermutung nahelegen, dass eine vergleichbar schnelle und einfache Skalierung wie im B2C-Bereich eher nicht zu erwarten ist. So sind B2B-Plattformen, insbesondere im IoT, häufig hoch spezialisiert und konzentrieren sich auf ganz spezifische Einsatzfelder oder Branchen (vgl. BDI, 2020, S. 6). Auch dies hat einen zentralen Effekt auf die Größe von B2B-Plattformen, da hierdurch die Koexistenz mehrerer „*Gewinner*“ mit starken branchenspezifischen Geschäftsmodellen und vielfältigen Portfolio-Angeboten ermöglicht wird (vgl. BMWi, 2019c, S. 6). Aufgrund der Heterogenität industrieller Anwendungen, die beratungsintensiv und in der Regel sehr komplex sind, ist eher nicht zu erwarten, dass eine oder wenige mächtige Plattformen entstehen, über die das gesamte industrielle Anwendungsgeschäft organisiert wird (vgl. IW Köln, 2019, S. 61). Vielmehr wird hierdurch ein ständiger Druck zur Differenzierung und Spezialisierung erzeugt, wodurch dem Wachstum von B2B-Plattformen Grenzen gesetzt werden. In der wissenschaftlichen Fachliteratur wird die Differenzierung von Plattformen bei der Existenz von Netzwerk- und Skaleneffekten als Voraussetzung für Wettbewerb erachtet (vgl. Jullien und Sand-Zantman, 2019). Technischer Fortschritt, leistungsfähigere Algorithmen und Innovationen sorgen zudem für die Bestreitbarkeit der Märkte (vgl. IW Köln, 2019, S. 61). Differenzierungsmöglichkeiten sind nicht nur im IoT-Kontext vorzufinden, sondern auch bei Marktplätzen, etwa durch den Preis oder über das Angebot spezieller Tools oder Funktionen. Die „Winner-Take-All-or-Most“-Problematik der B2C-Welt gilt im B2B-Bereich demnach nur beschränkt.[9]

Auch wenn Unternehmen einer bestimmten Branche angehören, so unterscheiden sie sich oft hinsichtlich der Größe, der Organisationsstruktur oder der eingesetzten Produktionsfaktoren etc. Folglich sind sie deutlich heterogener in ihren Interessen und Bedürfnissen als Privatpersonen. Das

---

9 Im B2B-Kontext werden auch negative direkte Netzwerkeffekte als Grund dafür vorgetragen, dass dem Wachstum von Plattformen Grenzen gesetzt würden. Begründet wird dies etwa dadurch, dass ein immer größer werdender Angebotskreis beispielsweise bei Marktplätzen den Wettbewerb auf der Plattform intensiviere, mit der Folge sinkender Preise und schlechteren Bedingungen für jeden einzelnen Anbieter, gefunden zu werden. Hierdurch würden alternative Plattformen relativ gesehen attraktiver (vgl. Koenen und Falck, 2020, S. 13). Derartige Effekte kommen jedoch auch im B2C-Bereich zum Tragen. Auch bei Amazon führt ein immer größer werdendes Angebot zu einem Preisdruck und hat zur Folge, dass der einzelne Anbieter schlechter gefunden werden kann. Im Wachstum wurde Amazon hierdurch jedoch kaum gebremst.

erschwert die Skalierung der Plattformdienste: Während B2C-Plattformen ihren Nutzern meistens relativ standardisierte Dienste anbieten und damit steigende Skalenerträge realisieren können, sind B2B-Plattformbetreiber oft gezwungen, ihr Angebot und die Verträge an die individuellen Interessen und Bedürfnisse der Unternehmen anzupassen, um den Plattformnutzen für die Unternehmen zu erhöhen (vgl. BDI, 2020, S. 15, 17f.).[10] Dies gilt vor allem für IoT-Plattformen. Damit unterscheiden sich B2B- und B2C-Plattformen auch ganz wesentlich im Hinblick auf mögliche Skalierbarkeit.

Ferner ist der Vertrieb von B2B-Plattformdiensten oft deutlich aufwendiger als der Vertrieb von B2C-Plattformdiensten, da die Betreiber von B2B-Plattformen das Vertrauen der potenziellen Plattformnutzer weniger leicht gewinnen können als B2C-Plattformen (siehe hier noch ausführlich Kapitel 3.2). Um das Vertrauen zu gewinnen, ist es oft erforderlich, mehrere Entscheidungsträger von dem Mehrwert der Plattform zu überzeugen. Zudem ist die Anbindung der Unternehmen an die Plattform in vielen Fällen zeitintensiv; dies gilt insbesondere für IoT-Plattformen. Die Unternehmen benötigen darüber hinaus häufig Unterstützung beim sogenannten Onboarding (siehe hier noch ausführlich Kapitel 3.2). Die Individualisierung des Angebots und der Verträge sowie der Vertrieb von B2B-Plattformen bzw. die Nutzerakquise sind somit zeit- und personalintensiv und beschränken die Geschwindigkeit der Skalierung, fördern aber tendenziell den Wettbewerb (vgl. Koenen und Falck, 2020, S. 18).

Plattformen im B2C-Bereich sind häufig dadurch charakterisiert, dass sie aus ihrem Kerngeschäft heraus in neue Märkte expandieren und eine Vielfalt an Diensten gleichzeitig anbieten, die mit ihrem Kerngeschäft erstmal wenig zu tun haben (sogenannte *„konglomerate Effekte“*). So bietet Google beispielsweise neben seiner Suchmaschine auch Dienste im Bereich Videostreaming, Online-Werbung, Smartphone-Betriebssysteme, Smart Home, selbstfahrende Autos etc. an.[11] Das Angebot komplementärer Dienste führt bei B2C-Plattformen häufig zu einer Form asymmetrischen Wettbe-

---

10 Vgl. auch https://blog.mark-lotse.com/gastartikel-a-different-game-die-herausforderungen-im-b2b-e-commerce, abgerufen am: 24. August 2020.

11 Konglomerate Effekte auf traditionellen B2C-Plattformmärkten sind im Wesentlichen auf die marktübergreifende Bedeutung von Daten zurückzuführen, die häufig Wettbewerbsvorteile auf anderen Märkten begründen. Damit einhergehende konglomerate Effekte können zur Entstehung integrierter digitaler Ökosysteme beitragen, die mit hoher Dynamik existierende Sektorstrukturen aufbrechen und verändern und damit Wettbewerbsrecht und -politik vor neue Herausforderungen stellen (vgl. BMWi, 2019a, S. 13).

werbs, bei dem zwei oder mehr Unternehmen mit sehr unterschiedlichen Ansätzen und Ressourcen nach Marktchancen suchen (vgl. Accenture, 2016, S. 41). Das Angebot komplementärer Dienste ist bei B2B-Plattformen eher untypisch. B2B-Plattformen konzentrieren sich in der Regel auf ihr Kerngeschäft und stehen hier mit vergleichbaren Plattformen im Wettbewerb. Aufgrund der Fokussierung auf spezifische und spezialisierte Einsatzfelder ist für den Erfolg einer Plattform im B2B-Bereich ein hohes Maß an Branchen-Know-how erforderlich (vgl. Engels, Plass und Rammig, 2017, S. 37 sowie Kapitel 3.2).

Ergibt sich der Erfolg einer Plattform im B2C-Bereich nach dem Erlangen einer kritischen Masse durch die indirekten Netzeffekte nahezu von selbst, hängt der Erfolg einer B2B-Plattform von verschiedenen Faktoren gleichzeitig ab. So werden an B2B-Plattformen insbesondere durch die erforderliche Branchenkenntnis und die notwendige Kombination von Standardisierung bei gleichzeitiger Individualisierung hohe Anforderungen gestellt. Zudem besteht die Notwendigkeit, Unabhängigkeit zwischen relevanten Marktteilnehmern zu wahren. Plattformen im B2B-Bereich müssen genau überlegen, wie sie ihre Kunden in ganz spezifischen Bereichen mit unternehmensindividuell zugeschnittenen Lösungen erreichen und überzeugen können. Dies hemmt die schnelle Skalierung der Plattform.

Auch im Hinblick auf die Bedeutung einzelner Kunden unterscheidet sich der B2B- vom B2C-Bereich. Ist der einzelne Kunde für eine B2C-Plattform relativ unbedeutend, kann der Verlust eines Kunden im B2B-Bereich erhebliche Auswirkungen auf Gewinn und Umsatz der Plattform haben. Dies ist zum einen auf Unterschiede im Transaktionsvolumen zwischen Privat- und Geschäftskunden zurückzuführen, zum anderen aber auch auf die im B2B-Bereich bestehende Bedeutung einzelner Plattformnutzer für andere Plattformnutzer (vgl. Koenen und Falck, 2020, S. 14 f. sowie Kapitel 3.2).

Auch die Kundenbeziehungen selbst unterscheiden sich im B2B-Bereich fundamental vom B2C-Bereich. B2B-Plattformen sehen sich häufig mit einem eingegrenzten Kundenkreis konfrontiert und dem Angebot spezialisierter Produkte, die von einer eher überschaubaren Anzahl von Anbietern angeboten werden. Dies hat zur Folge, dass Kundenbeziehungen im B2B-Bereich typischerweise langlebiger sind und oftmals auch von der persönlichen Beziehung zwischen Vertretern beider Unternehmen abhängen.[12] Bei B2B-Plattformen spielt somit das Vertrauen, welches Unternehmen einer

12 Vgl. https://blog.mark-lotse.com/gastartikel-a-different-game-die-herausforderungen-im-b2b-e-commerce, abgerufen am: 24. August 2020.

Plattform entgegenbringen, eine wesentliche Rolle für den Erfolg einer Plattform und die Frage, ob eine Plattform genutzt werden soll oder nicht (vgl. auch World Economic Forum, 2017, S. 8). Vertrauen spielt auch im Hinblick auf Datensicherheit eine zentrale Rolle für den Erfolg einer B2B-Plattform. Werden bei der Nutzung von Plattformen im B2C-Bereich „*nur*“ persönliche Daten weitergegeben, handelt es sich im B2B-Bereich in der Regel um sensible, unternehmensinterne und meist wettbewerbsrelevante Daten, deren Weitergabe gut überlegt sein muss.[13] Der Datensicherheit und Gewährleistung von Datensicherheit kommt im B2B-Bereich ein hohes Gewicht zu (vgl. Engels, Plass und Rammig, 2017, S. 36; Europäische Kommission, 2020, S. 7 sowie ausführlich noch Kapitel 3.2). Damit unterscheiden sich die Governance-Strukturen im B2B-Bereich zentral von denen im B2C-Bereich, da nur mit offenen, fairen und transparenten Governance-Strukturen Sicherheit vermittelt und Vertrauen gewonnen werden kann (vgl. BMWi, 2019b, S. 6).

Insgesamt zeigt sich, dass auch wenn eine messerscharfe Abgrenzung zwischen B2B und B2C zumindest bei manchen Plattformen nicht immer möglich ist, klassische B2B-Plattformen typische Charakteristika im Hinblick auf Größe oder Kunden- und Governance-Struktur aufweisen, die sie von traditionellen B2C-Plattformen unterscheiden.

Nach dieser Darstellung der wesentlichen Grundlagen und Charakteristika von B2B-Plattformen werden im nächsten Kapitel Potenziale und Hemmnisse von B2B-Plattformen erörtert. Dazu werden zunächst die wesentlichen Erkenntnisse aus der wissenschaftlichen Literatur aufgezeigt; anschließend werden diese Erkenntnisse durch die Ergebnisse aus den Experteninterviews und den Online Befragungen komplementiert.

---

13 Im B2C-Bereich ist hingegen zu beobachten, dass Endnutzer selten zögern, Plattformbetreibern persönliche Daten zur Verfügung zu stellen, wenn die im Gegenzug erhaltenen Dienstleistungen als angemessen erachtet werden (vgl. BMWi, 2019c, S. 5).

3. Potenziale und Hemmnisse von B2B-Plattformen

3.1 Desk Research

3.1.1 Potenziale von B2B-Plattformen

B2B-Plattformen agieren als Intermediäre, die zwei oder mehr Marktteilnehmer mithilfe digitaler Technologie zusammenbringen. Mehrwert wird hierdurch zum einen geschaffen, indem traditionelle Interaktionen zwischen den Plattformnutzern vereinfacht werden, beispielsweise wenn Einkauf oder Verkauf über Marktplätze organisiert wird. Zum anderen ermöglichen B2B-Plattformen Wertschöpfung durch das Entstehen neuer Interaktionen, die ohne Plattform nicht möglich wären, beispielsweise durch das Sammeln und Auswerten von Daten und dem darauf basierenden Angebot neuer Produkte oder Leistungen. Haupttreiber für die Entstehung von B2B-Plattformen sind demnach bisher ungenutzte Transaktionspotenziale. Durch die Reduzierung von Transaktionskosten führen B2B-Plattformen zur Generierung von erheblichen Effizienzpotenzialen in vielen Bereichen.

Der B2B-Bereich ist nach wie vor deutlich stärker fragmentiert als der vergleichsweise integrierte und bereits stark expandierte B2C-Bereich, wodurch sich insgesamt ein hohes Potenzial ergibt, erfolgreiche B2B-Plattformen am Markt zu etablieren. Wie in Kapitel 2.3 bereits dargelegt wurde, sind insbesondere industrielle B2B-Plattformen häufig hoch spezialisiert und branchenspezifisches Know-how spielt eine Schlüsselrolle bei der Entwicklung dieser Plattformen. Infolgedessen können grundsätzlich mehrere Gewinner mit starken branchenspezifischen Geschäftsmodellen und vielfältigen Portfolio-Angeboten koexistieren. Insbesondere für führende Unternehmen im industriellen Bereich ergeben sich hieraus weitreichende Möglichkeiten, durch die Entwicklung von datenbasierten (IoT-)Plattformen die Plattformökonomie aktiv mitzugestalten und weitere Marktanteile zu gewinnen. Hohes Wachstumspotenzial weist auch der E-Commerce im Rahmen der transaktionsbasierten B2B-Plattformen auf, für die ein hohes Wachstum erwartet wird.[14]

---

14 Vgl. https://www.ibusiness.de/aktuell/db/337104SUR.html, abgerufen am: 28. Oktober 2020.

Transaktionsbasierte B2B-Plattformen dienen als Vermittler und haben zum Ziel, die Interaktionen und den Austausch zwischen den Plattformnutzern zu ermöglichen oder zu erleichtern und Transaktionskosten zu senken. Im Bereich der transaktionsbasierten B2B-Plattformen nehmen bereits heute Marktplätze in vielen Branchen eine wichtige Rolle beim Einkauf von Vorleistungsprodukten und/oder im Vertrieb ein. Auch Vermittlungsplattformen beispielsweise in der Logistik, sogenannte Frachtbörsen, leisten heute einen wichtigen Beitrag zur Optimierung von Logistik-Prozessen, indem sie dazu beitragen, bestehende Kapazitäten besser auszulasten. Transaktionsbasierte B2B-Plattformen führen zu einer Reduzierung von Anbahnungs- und Matchingkosten, indem sie Anbieter und Nachfrager auf der Plattform effizient zusammenführen (vgl. Benner und Tushman, 2015). Such- und Informationskosten werden durch eine nie zuvor dagewesene Vielfalt an Angeboten und durch die Programmierung von Suchalgorithmen reduziert (vgl. Altman, Nagle und Tushman, 2014). Zudem führen die Bewertungsmechanismen von B2B-Plattformen zu einer Senkung von Informationsasymmetrien (vgl. Cowen und Tabarrok, 2015). Die Reduktion von Informationskosten ermöglicht die Interaktion einer großen Anzahl von Akteuren und eröffnet Zugang zu Akteuren, die vorher keinen Marktzugang hatten (vgl. Altman, Nagle und Tushman, 2014, S. 3 ff.). Damit können digitale Marktplätze Unternehmen einen weiteren Vertriebskanal und Zugang zu neuen Märkten eröffnen. Insbesondere für KMU können digitale Marktplätze eine kostengünstige Form bieten, die eigenen Produkte und Dienstleistungen mit relativ geringem Vertriebsaufwand weltweit anzubieten (vgl. Matischok, Hess und Schmidt, 2020).[15] Administrativer Aufwand wird durch die automatisierte Abwicklung von Vertrags- und Zahlungsprozessen reduziert. Zudem generieren Netzwerkeffekte Mehrwerte für die Plattformnutzer und neue Dienstleistungen, die nur durch die Nutzung der Plattform überhaupt zustande kommen (vgl. VDMA, 2018, S. 3). So nehmen Bewertungsmechanismen bei Marktplätzen eine wichtige Qualitätsfunktion ein und reduzieren nicht nur Informationsasymmetrien, sondern führen auch zu Transaktionen, die aufgrund dieser Informationsasymmetrien nicht zustande gekommen wären (vgl. Cowen und Tabarrok, 2015). Wenn das Unternehmen selbst den Marktplatz betreibt, wird es vom Verkäufer zum Plattformbetreiber, wodurch sich neue Erlösmöglichkeiten ergeben.

---

15 Zu berücksichtigen ist hierbei, dass Marktplätze typischerweise auch den Wettbewerb intensivieren und negative Effekte auf die Margen haben können (siehe hierzu noch ausführlicher im Folgenden).

Im B2B-Bereich zeigt sich bei Handelsplattformen ein Trend zur Spezialisierung. Vorteile durch einen verstärkten Branchenfokus können grundsätzlich vielfältig sein. Durch die genaue Kenntnis der industriespezifischen Anforderungen an die Produkte und Prozesse, Eigenheiten in der Lieferkette oder bezüglich der Nachfrager können Anbieter und/oder Produkte besser ausgewählt werden oder besserer Service beim Angebot komplementärer Dienstleistungen wie Beratung oder Vernetzung ermöglicht werden. Ein verstärkter Branchenfokus kann zudem eine bessere Programmierung des Suchalgorithmus ermöglichen, was wiederum Vorteile bzgl. einer strukturierten Darstellung der Suchergebnisse eröffnet (vgl. Koenen und Falck, 2020, S. 19).

Im Rahmen von Industrie 4.0 – der intelligenten Vernetzung von Produkten und Prozessen in der industriellen Produktion – können B2B-Plattformen erhebliche Effizienzen heben, indem sie zur Schaffung eines einheitlichen Ökosystems zwischen Produktion, Automatisierung und IKT beitragen (vgl. Fraunhofer IAO, 2013).[16] Durch die Vernetzung von Menschen, Maschinen und Objekten im gesamten Wertschöpfungsprozess werden starre, zeitversetzte und intransparente Produktionsprozesse in dynamische, selbstorganisierende Wertschöpfungsnetzwerke eingegliedert und Produktivitätssteigerungen erzielt, neue Geschäftsfelder geschaffen und die Kundenbindung erhöht (vgl. Prognos, 2016, S. 70).

IoT-Plattformen eröffnen Industrieunternehmen völlig neue Geschäftsmodellperspektiven. Durch die Zusammenführung und Auswertungen von Daten von Geräten, Maschinen und Anlagen auf einer Plattform können digitale Mehrwertdienste, sogenannte *„Smart Services“* entwickelt werden. Smart Services beinhalten die Erweiterung bestehender physischer Produkte um weitere Funktionalitäten, wie z. B. das *„Predictive Maintenance“*, die vorausschauende Wartung von Maschinen oder Anlagen. Smart

---

16 Als zentrale technische Elemente zur intelligenten Vernetzung von Fertigungsprozessen fungieren sogenannte Cyber-Physische-Systeme (CPS). CPS umfassen intelligente Maschinen, Lagersysteme und Betriebsmittel in der Produktion, die einen echtzeitfähigen und flächendeckenden Austausch digitaler Daten ermöglichen und sich so selbst steuern (vgl. Fraunhofer IAO, 2013). Eine vollständige Digitalisierung von Prozessen ermöglicht eine selbstständige Organisation von Aufträgen auf Basis von CPS durch ganze Wertschöpfungsketten weltweit, von der Materialbeschaffung bis zur Auslieferung zum Kunden. Diese Verknüpfung der virtuellen mit der realen Welt geschieht über das IoT – ein System von Geräten und Maschinen, die über das Internet selbstständig Informationen miteinander austauschen können. Industrielle Prozesse in der Produktion, im Engineering, der Materialverwendung sowie im Lieferketten- und Lebenszyklusmanagement werden hierdurch grundlegend effizienter.

Services sind mit einem erheblichen Nutzenzuwachs bei den Kunden verbunden und eröffnen somit auch neue Erlösquellen für Unternehmen (vgl. Matischok, Hess und Schmidt, 2020). Unternehmen können somit ihre Wertschöpfung ausweiten, indem sie neue Bereiche bedienen, die für ihre Kunden nicht als ihre Kernkompetenz erachtet werden oder durch die Aufwand und Komplexität auf Kundenseite reduziert wird, beispielsweise durch verbesserte Dienstleistungen wie Logistik, Wartung und Recycling, aber auch neue Finanzierungsmodelle wie performance-basierte Zahlmodelle oder Leasing (vgl. Matischok, Hess und Schmidt, 2020).

Insbesondere im industriellen Bereich spielt Branchen-Know-how eine entscheidende Rolle für den Erfolg einer B2B-Plattform, da industrielle Daten immer im jeweiligen Kontext analysiert und verstanden werden müssen, um sinnvolle Applikationen zu entwickeln. In diesem Zusammenhang wird für deutsche Industrieunternehmen ein großes Potenzial gesehen, da sie aufgrund ihrer Expertise und Erfahrung von einem erheblichen Wissensvorsprung profitieren (vgl. Matischok, Hess und Schmidt, 2020). Deutschland gehört im Bereich Maschinenbau zu den Weltmarktführern. Der Prozess von der Entwicklung und der individuellen kundenspezifischen Konfigurierung einer Maschine bis hin zur Inbetriebnahme und dem Angebot von After-Sales-Services ist sehr komplex. Deutsche Unternehmen verfügen über dieses Know-how, welches die Grundvoraussetzung liefert, das B2B-Plattformgeschehen im Bereich Maschinenbau auch als wesentlicher Treiber aktiv mitzugestalten.[17] Als zunehmend wichtig werden insbesondere technologische B2B-Plattformen zur Bildung von Ökosystemen, und die Datenauswertung *„as a Service"* erachtet (vgl. Lundborg und Gull, 2019, S. 8). Diese dienen zum einen der Prozessoptimierung, wie beispielsweise durch den Zugriff auf Rechenleistungen oder Datenanalyse (vgl. Stamm et al., 2019, S. 27). Ausfallzeiten von Maschinen und Anlagen können hierdurch erheblich reduziert werden. Zum anderen ermöglichen derartige Plattformen das Angebot individualisierter Produkte im Kontext hybrider Produkte[18] oder von Smart Services.

Die Vernetzung von Wirtschaft und Gesellschaft führt zur Entstehung gigantischer Datenmengen. Die darauf basierende Entwicklung innovativer Produkte und Dienstleistungen führt dazu, dass Ressourcen geschont, Arbeitsplätze geschaffen und die Wettbewerbsfähigkeit der Unternehmen

---

17 Vgl. https://www.vdma.org/v2viewer/-/v2article/render/22743546, abgerufen am: 3. September 2020.

18 Leistungsbündel mit Sach- und Dienstleistungsanteilen.

gesichert wird.[19] Das größte Potenzial für Industrieunternehmen dürfte in der Kombination von IoT-Plattform und digitalem Marktplatz liegen. Während mit Hilfe einer IoT-Plattform die Smart Services entwickelt und mit Daten versorgt werden, können sie über einen digitalen Marktplatz global vermarket werden (vgl. Matischok, Hess und Schmidt, 2020).

Das Potenzial, welches die Plattformökonomie in sich birgt, ist vielfältig und kann heute vermutlich noch nicht in Gänze vollständig abgeschätzt werden. Grundsätzlich muss im Rahmen der Diskussion über die möglichen Potenziale von B2B-Plattformen jedoch auch berücksichtigt werden, dass B2B-Plattform-Anwendungen nicht zwingend für jeden Unternehmer nur Vorteile mit sich bringen müssen. So ist die Nutzung und insbesondere die Entwicklung eigener B2B-Plattformen zum einen mit erheblichen Investitionen verbunden. Zum anderen können Plattform-Anwendungen auch zu Einbußen im klassischen Geschäft führen. So ist beispielsweise zu erwarten, dass Online-Marktplätze den Wettbewerb intensivieren und gerade Unternehmen in der produzierenden Industrie durch die Teilnahme auf einem Marktplatz ihre Kundenschnittstelle und auch Margen verlieren.[20] Nutzenzuwächse etwa durch eine erhöhte Reichweite von Kunden können hierdurch erodieren. Zudem erleichtern vernetzte Wertschöpfungsketten und der Trend zur Individualisierung den Markteintritt innovativer Start-ups oder großer digitaler Plattformen mit neuartigen Geschäftsmodellen, da Markteintrittsbarrieren und Fixkosten sinken (vgl. Prognos, 2016, S. 77), was eine Intensivierung des Wettbewerbs zur Folge hat. Im Rahmen von IoT-Anwendungen können die durch Plattformen entwickelten Zusatzleistungen wie das Predictive Maintenance zu einer Reduzierung von Wartungsleistungen und zu Umsatzeinbußen in diesem Bereich führen. Geringere Ausfallzeiten können zudem Einbußen im Ersatzteilgeschäft zur Folge haben. Derartige Aspekte fließen in die Entscheidung von Unternehmen über die Nutzung von B2B-Plattformen grundsätzlich mit ein. Erst wenn Unternehmer erhebliche Vorteile durch die An-

19 Arbeitskreis Smart Service Welt, verfügbar unter: https://www.acatech.de/projekt/smart-service-welt/, abgerufen am: 1. Oktober 2020.

20 So steuern Plattformbetreiber den Marktzugang zwischen Anbietern und Kunden und übernehmen so die Kundenschnittstelle. Das Aufeinandertreffen von Angebot und Nachfrage wird durch algorithmenbasierte Matching-Systeme gesteuert. Insbesondere KMU erachten neben dem Verlust der Kundenschnittstelle vor allem auch die wachsende Datenmacht der Plattformen als problematisch. Zudem sind Plattformen häufig vertikal integriert und nehmen dabei eine Doppelrolle als Marktplatzbetreiber und Anbieter und damit direkter Wettbewerber ein (vgl. Busch, 2019).

wendung von B2B-Plattformmodellen sehen, die mögliche negative Effekte kompensieren können, werden sie auch bereit sein, diese anzuwenden.

3.1.2 Hemmnisse bei der Nutzung und Entwicklung von B2B-Plattformen

Der mit der Plattformökonomie einhergehende Paradigmenwechsel führt zu tiefgreifenden Veränderungen innerhalb betrieblicher Strukturen und traditioneller unternehmerischer Konzepte. Voraussetzung für die Entwicklung der Plattformökonomie ist zunächst, dass ein unternehmerisches Umdenken weg von einem traditionellen unternehmensorientierten Ansatz hin zu einem ökosystemorientierten Konzept stattfindet. Unternehmer müssen das Potenzial der Plattformökonomie erkennen und akzeptieren, dass ein Umdenken notwendig ist. Das gilt bis hin zu bewährten Geschäftsmodellen, also der Art und Weise, wie Werte geschaffen und bereitgestellt werden und der Gewinn eines Unternehmens erwirtschaftet wird. Umdenken muss jedoch auch weg vom *„gegeneinander"* hin zum *„miteinander"* stattfinden, wo Akteure und Wettbewerber derselben Branche oder sogar verschiedener Branchen zusammenarbeiten. Nur so können die Potenziale der Plattformökonomie bestmöglich ausgeschöpft werden (vgl. Europäische Kommission, 2020, S. 10). Die Transformation zu Plattform-Ökosystemen, in denen Wertschöpfung nicht mehr notwendigerweise an das Unternehmenseigentum gebunden ist, erfordert die zunehmende Kooperation zwischen Unternehmen, um individualisierte maßgeschneiderte Serviceleistungen anbieten zu können, beispielsweise im Rahmen hybrider Produkte oder smarter Dienstleistungen (vgl. Lundborg und Gull, 2019, S. 8).[21]

Das Loslösen von traditionellen bewährten Geschäftsmodellen kann insbesondere bei Stakeholdern eine mangelnde Innovationsbereitschaft hervorrufen. Diese ist zum einen auf einen Mangel an Unternehmergeist zurückzuführen und zum anderen durch einen Mangel an Vertrauen ganz

21 So basieren die Wertschöpfungspartnerschaften in digitalen Ökosystemen auf einer gemeinsamen Infrastruktur, beispielsweise einer IoT-Plattform. Durch die Nutzung dieser gemeinsamen Infrastruktur und gemeinsamer zentraler Dienstleistungen entwickeln und vertreiben die Akteure des Ökosystems ihre eigenen, aufeinander aufbauenden bzw. einander ergänzenden Produkte und Dienste. Kompatibilität zwischen diesen Diensten und Produkten ermöglicht, dass sie sich vom Kunden je nach Bedarf zu individuellen Lösungen einsetzen lassen. Damit bieten Ökosysteme ihren Kunden eine breite Angebotspalette. Die Preisfrage tritt demgegenüber in den Hintergrund.

allgemein gegenüber Neuerungen, aber im speziellen auch gegenüber den mit der Digitalisierung einhergehenden Technologien begründet. Diese Barrieren hängen letztlich mit einem Mangel an digitalen Fertigkeiten und dem Fehlen kompetenter Datenarbeiter und Fachleuten in vielen Unternehmen zusammen; d. h. sowohl Menschen, die über die harten Fertigkeiten des Programmierens und der Handhabung, Verwaltung, Auswertung und Analyse von Daten verfügen, als auch Menschen, die mit Daten arbeiten können und über die richtigen Soft Skills verfügen, um in datengesteuerten Prozessen arbeiten und gedeihen zu können (vgl. Europäische Kommission, 2020, S. 28). Insbesondere im Mittelstand werden die größten Hemmnisse für die Nutzung und die Anwendung von B2B-Plattformen aufgrund der fehlenden Fachkräfte und des fehlenden Know-hows gesehen. Dies wird zum einen auf den allgemeinen IT-Fachkräftemangel im Mittelstand zurückgeführt, zum anderen aber auch auf fehlendes Know-how in der Unternehmensführung (vgl. Lundborg und Gull, 2019, S. 12 sowie die Experteninterviews in Kapitel 3.2).

Grundsätzlich kann aber auch gerade das Verständnis und die Kenntnis über digitale Geschäftsmodelle und B2B-Plattformen ein zentrales Hemmnis für die Entwicklung und Nutzung von B2B-Plattformen darstellen. Wie bereits dargelegt wurde, bringen B2B-Plattformen nicht nur Vorteile mit sich, sondern können auch zu Einbußen im traditionellen Geschäft führen. Gerade für erfolgreiche Unternehmen stellt sich hier die Frage, warum sie sich von ihrem traditionellen Geschäftsmodell lösen sollen, um sich für den Preis hoher Investitionen neuen Geschäftsmodellen zu verschreiben, deren Erfolg häufig unsicher ist und mit einem Verlust an Margen einhergehen kann. Dies könnte auch eine Erklärung dafür sein, warum gerade in Deutschland im Mittelstand häufig eine gewisse Zurückhaltung gegenüber der Nutzung von B2B-Plattformen zu beobachten ist. Im Verarbeitenden Gewerbe beispielsweise ist der deutsche Mittelstand geprägt durch viele erfolgreiche Unternehmen und Hidden Champions, die ihre Produkte auch ohne B2B-Plattformen weltweit erfolgreich vermarkten.

Ein weiteres zentrales Hemmnis für die Nutzung von B2B-Plattformen stellen die damit einhergehenden Kosten und Investitionen dar, die Unternehmen auf sich nehmen müssen (vgl. IW Köln, 2019, S. 57; Lundborg und Gull, 2019, S. 12 f.). Zwar ist die Teilnahme an Marktplätzen mit vergleichsweise geringem Aufwand und niedrigen Investitionen verbunden. Für den Aufbau und die Nutzung industrieller B2B-Plattformen ist jedoch eine entsprechende IoT-Infrastruktur von zentraler Voraussetzung, d. h. die entsprechende Infrastruktur zur Integration und Analyse von IoT-Daten. Durch das IoT werden massive Datenmengen erzeugt, durch die Geschäftsprozesse erheblich beeinflusst werden können. Die Integration von Echtzeitdaten aus dem IoT mit Informationen, die mit Hilfe traditioneller Unternehmenstechnologien (ERP, Supply-Chain-Management, Manufacturing Operations Management, Asset Management usw.) generiert wurden, erfordert neue Architekturen und Technologien, um aus den generierten Daten verwertbare Erkenntnisse zu gewinnen (vgl. Europäische Kommission, 2020, S. 10). Nur wenn eine entsprechende IoT-Infrastruktur im industriellen Bereich etabliert ist, kann die Entwicklung von IIoT-Plattformen überhaupt forciert und vorangetrieben werden. Diese teilweise hohen Investitionen müssen vor dem Hintergrund des Wissens getätigt werden, dass der Erfolg einer B2B-Plattform zentral von der Kundenakquise auf beiden Marktseiten abhängt. Das Zusammenspiel dieser Faktoren hemmt sowohl die Nutzung als auch die eigene Entwicklung von B2B-Plattformen. Solange Investitionskosten den Aufbau der erforderlichen IT-Infrastruktur in Unternehmen hemmen, haben diese Investitionskosten auch einen negativen Effekt auf die Entstehung neuer B2B-Plattformen, da diese nur erfolgreich sein werden, wenn entsprechend viele Unternehmen auch die erforderliche Infrastruktur zur Nutzung dieser B2B-Plattformen aufweisen. Solange es nicht gelingt, Kunden von der Nutzung der Plattform zu überzeugen, hemmt dies natürlich die Entwicklung von B2B-Plattformen. Insbesondere KMU unterliegen finanziellen Beschränkungen beim Aufbau der erforderlichen IT-Infrastruktur und weniger Großunternehmen oder Konzerne. Zudem erfordert der Aufbau dieser Infrastruktur einen gewissen digitalen Reifegrad der Unternehmen. Auch beim Digitalisierungsgrad weisen insbesondere KMU in Deutschland die größten Defizite auf (vgl. Lichtblau, Fritsch und Millack, 2018).[22]

Zentrale Hemmnisse für die Nutzung von B2B-Plattformen auf Unternehmensseite bestehen zudem im Hinblick auf Abhängigkeitsbedenken von Plattformen sowie im Hinblick auf Datensicherheits- und/oder Rechtssicherheitsaspekte (vgl. Lundborg und Gull, 2019, S. 12). Der B2C-Bereich zeigt anschaulich, wie die Wirkungsmechanismen mehrseitiger Plattformen erhebliche Marktmacht und Nutzerabhängigkeit hervorrufen können. Dies hemmt Unternehmen im B2B-Bereich, Plattformen zu nutzen. Diese Angst ist nicht völlig unbegründet. Wird eine Plattform für ein Unternehmen zum unverzichtbaren Wertschöpfungsfaktor und ist ein Plattformwechsel mit hohen Kosten verbunden, dann erhöht dies die Verhand-

22 Vgl. auch https://www.digitalisierungsindex.de/studie/gesamtbericht-2019/, abgerufen am: 22. Oktober 2020.

lungsmacht des Plattformanbieters erheblich. Gleichermaßen können Datensicherheitsbedenken die Nutzung von B2B-Plattformen beschränken, da das Sammeln und Auswerten unternehmensinterner Daten wertvolles Marktwissen und Geschäftsgeheimnisse beinhaltet. Insbesondere bei IIoT-Plattformen basiert die Wertschöpfung einer Plattform auf dem Austausch von Daten. Bei der Nutzung fremder Plattformen kann die Sorge bestehen, dass das Wissen über die eigenen Produkte, die eigene Preissetzung oder die Wünsche der Kunden dann auch Wettbewerbern zur Verfügung steht. Unsicherheit bzgl. der Offenlegung und Herausgabe unternehmensinterner Daten und Misstrauen gegenüber neuen Technologien bewirken nach wie vor Zurückhaltung beim Einsatz von B2B-Plattformen, insbesondere auch im Hinblick auf die Nutzung von Cloud-Technologien. Die Cloud wird von vielen Unternehmen häufig als *„Tabu"* betrachtet, insbesondere für geschäftskritische und informationsintensive Prozesse, wie z. B. solche, die sich auf die Produktionsanlagen in einer Fabrik beziehen (vgl. Europäische Kommission, 2020, S. 26).

Des Weiteren können fehlende Standards[23] und Kompatibilität als wesentliche Hemmnisse bei der Nutzung von Plattformen und deren Interoperabilität identifiziert werden (vgl. IW Köln, 2019, S. 58; Europäische Kommission, 2020, S. 7). Insbesondere Kompatibilität kann entscheidend für den Erfolg einer B2B-Plattform sein, da der Erfolg einer Plattform zentral davon abhängt, Nutzer auf beiden Seiten zu gewinnen und dies nur erreicht werden kann, wenn Plattformen keine isolierten Einzellösungen darstellen. Probleme bei der Vernetzung, insbesondere der alten Produktionsanlagen und fehlende Interoperabilität zwischen verschiedenen B2B-Plattformen hindern die Nutzung und das Wachstum dergleichen. Hoher Aufwand und Kosten bei der Umsetzung, aber auch die teilweise fehlende Expertise im Unternehmen stehen einer zunehmenden Kollaboration und der Entwicklung von Multi-Partner-Strategien zentral im Wege. Dies hat zur Folge, dass heute viele kleine und geschlossene Ökosysteme nebeneinander existieren, die die potenziellen Vorteile einer nahtlosen Interoperabilität nicht auszuschöpfen vermögen.[24]

---

23 Fehlende semantische Standards sind ein Haupthindernis bei der digitalen Transformation und der Nutzung plattformbasierter Geschäftsmodelle. Durch semantische Standards können Produkte und Dienstleistungen in einem einheitlichen Klassifikationssystem klassifiziert und beschrieben werden. Dies ermöglicht den digitalen Austausch von Produktstammdaten über Branchen-, Länder-, Sprach- und Organisationsgrenzen hinweg (vgl. IW Köln, 2019, S. 58).

24 Vgl. https://www.industry-of-things.de/fehlende-interoperabilitaet-bremst-die-evolution-des-iot-a-791417/, abgerufen am: 24. Oktober 2020.

Wie aus der Auswertung der wissenschaftlichen Literatur hervorgeht, können Faktoren, welche die Nutzung und die Entwicklung von B2B-Plattformen hemmen oder forcieren, vielfältig sein. Zu den zentralen Hemmnissen der Nutzung von B2B-Plattformen zählen mangelnder Unternehmergeist und fehlendes Vertrauen, fehlendes (IT-)Know-how sowie der Mangel an (IT-)Fachkräften und unzureichende Kenntnis über die Potenziale der Plattformökonomie. Hierbei gilt, dass Faktoren, welche die Nutzung von B2B-Plattformen auf Unternehmensseite hemmen, gleichzeitig auch die Entstehung von B2B-Plattformen negativ beeinflussen, da B2B-Plattformen nur erfolgreich sein werden, wenn es Nutzer gibt. Um die Erkenntnisse der Literatur zu ergänzen, wurden leitfadengestützte Interviews mit B2B-Plattformunternehmen und DigitalHubs aus Nordrhein-Westfalen und Online-Befragungen mit in Nordrhein-Westfalen verorteten Industrie- und Handels- sowie Handwerkskammern durchgeführt. Die Ergebnisse werden im folgenden Kapitel ausgeführt. Ziel dieser Befragungen ist neben der Komplementierung der Erkenntnisse aus der Literatur bzgl. der Potenziale und Hemmnisse zur Entstehung von B2B-Plattformen, die eher allgemeiner Natur sind, auch Aussagen darüber ableiten zu können, welche Faktoren spezifisch in Nordrhein-Westfalen die Entstehung und das Wachstum von B2B-Plattformen hemmen oder forcieren können.

3.2 Experteninterviews und Umfrage

Um Faktoren zu erheben, welche die Gründung und das Wachstum von B2B-Plattformen in Nordrhein-Westfalen begünstigen bzw. hemmen, wurden in Zeitraum von September bis Oktober 2020 leitfadengestützte Interviews mit B2B-Plattformunternehmen aus Nordrhein-Westfalen durchgeführt. Die Interviewpartner sind in Tabelle 1 aufgeführt.

Tabelle 1: B2B-Plattformunternehmen: Interviewpartner

Name der B2B-Plattform	Unternehmensname	Position des Interviewpartners	Unternehmensstandort
Enerlytics	Uniper Anlagenservice GmbH	Michael Frank/ Managing Director/CEO	Düsseldorf
Cumulocity IoT	Cumulocity GmbH	Bernd Gross/ Geschäftsführer	Düsseldorf
Next Kraftwerke	Next Kraftwerke GmbH	Lotte Lehmbruck/ Deputy Head of Communication & Research	Köln
Advaneo Data Marketplace	Advaneo GmbH	Jürgen Bretfeld/ Geschäftsführer	Düsseldorf

Name der B2B-Plattform	Unternehmensname	Position des Interviewpartners	Unternehmensstandort
CheMondis	CheMondis GmbH	Sebastian Brenner/ Managing Director	Köln
NEXTRADE	nmedia GmbH	Nicolaus Gedat/ Geschäftsführer	Düsseldorf
Pinpools	Pinpools GmbH	Heribert-Josef Lakemeyer/ Geschäftsführer	Haan
Cargo-Bay	Cargo Bay	Max Dering/ Geschäftsführer	Bielefeld
TIMOCOM	TIMOCOM GmbH	Gunnar Gburek/ Geschäftsführer	Erkrath
empto®	Zentek Services Verwaltungs GmbH	Stephan Schnück/ Geschäftsbereichsleiter	Köln
Oculavis	oculavis GmbH	Dr. Markus Große Böckmann/ Geschäftsführer	Aachen
Marktplatz für Strom https://www.verivox.de /strom/gewerbestrom/	Der Marktplatz ist ein Angebot von Verivox in Kooperation mit Uniper.	Andre Ries/ Director Digital Sales & Business Excellence	Düsseldorf
XOM Materials	XOM Materials GmbH	Tim Milde/ Chief Operating Officer	Berlin (IT)/ Duisburg (Vertrieb)
365FarmNet	365FarmNet	Maximilian von Löbbecke/ Geschäftsführer	Berlin Anmerkung: Die Plattform „365-FarmNetz ist eine Kooperation mit dem Unternehmen Claas aus Harsewinkel in NRW

Quelle: DICE Consult.

Neben B2B-Plattformunternehmen wurden auch Vertreter von Digital-Hubs aus Nordrhein-Westfalen interviewt. Zu den Interviewpartnern gehörten:

- Dr. Lorenz Gräf (Geschäftsführer) von STARTPLATZ;
- Oliver Weimann (Managing Director) von Ruhr:HUB GmbH;
- Dr. Klemens Gaida (Geschäftsführer) von Digital Innovation Hub Düsseldorf Rheinland GmbH;
- Dr. Sebastian Köffer (Geschäftsleiter Digital Hub) von münsterLand.digital.

Darüber hinaus fand ein Gespräch mit Herrn Dr.-Ing. Fabian Schnabel, Geschäftsführer der Kreishandwerkerschaft Essen sowie Herrn Till Knorr, Berater, Unternehmer und Dozent an der Digital Business University of Applied Science statt. Ferner erhielten wir vielfältige Unterstützung durch Dr. Nikolaus Paffenholz (Abteilungsleiter Unternehmensservice) sowie

Marion Hörsken (Geschäftsführerin der Abteilung Branchenbetreuung) von der IHK Düsseldorf.

Zusätzlich wurden die in Nordrhein-Westfalen verorteten Industrie- und Handels- sowie Handwerkskammern mittels Online-Fragebogen befragt. Von den 16 IHK haben uns acht geantwortet. Von den sieben Handwerkskammern hat uns eine geantwortet. Ferner erhielten wir Rückmeldung von der Landes-Gewerbeförderungsstelle des nordrhein-westfälischen Handwerks e. V. (LGH). Der Bundesverband Deutsche Startups e. V. und der Bundesverband der Deutschen Industrie e. V. haben ebenfalls unseren Fragebogen bearbeitet. Der Interviewleitfaden für die etwa 60-minütigen Interviews mit Plattformbetreibern und DigitalHubs sowie der Fragebogen finden sich im Anhang. Die qualitative Auswertung der Interviews und Fragebögen findet sich in den Abschnitten 3.2.1 bis 3.2.3.

An dieser Stelle soll ausdrücklich darauf hingewiesen werden, dass die folgenden Ausführungen ausschließlich Aussagen der Interviewpartner sowie der Online-Befragungen wiedergegeben und diese nicht der Auffassung der DICE Consult entsprechen müssen. Kommentare der DICE Consult sind in den Fußnoten zu finden.

3.2.1 Erfolgsfaktoren von B2B-Online-Plattformen

Auf die Frage nach den wesentlichen Erfolgskriterien einer B2B-Plattform bzw. wie eine kritische Masse an Nutzern für eine erfolgreiche Markteinführung erreicht werden kann, wurden von nahezu allen Befragten zwei wesentliche Kriterien genannt: Erstens das Vorhandensein einer Schnittstelle/der Kontakt zu den in einer Branche wichtigen/aktiven Akteuren und zweitens Branchen-Know-how. Eine gute Geschäftsidee, die für Plattformnutzer einen hinreichend großen Nutzen erbringt, d. h. ihnen hilft zusätzliche Umsätze und Gewinne zu generieren und/oder Kosten einzusparen, ist selbstredend Grundvoraussetzung für den Erfolg einer B2B-Plattform. Jede gute Geschäftsidee hat nach Aussage der Interviewpartner jedoch nur hinreichend Aussicht auf Erfolg, wenn Gründer über die genannten Eigenschaften – Schnittstelle/Vernetzung in der Branche und Branchen-Know-how – verfügen, da diese Faktoren von zentraler Bedeutung sind, um das nötige Vertrauen im Markt aufzubauen, insbesondere in der Anfangsphase bei der Positionierung der Plattform im Markt.[25]

25 Plattformen ermöglichen Unternehmen, dass sie langfristig ein integriertes Ökosystem um ihr Produkt aufbauen. Zwischen Plattformbetreiber und Plattform-

Die Vernetzung zu wichtigen Akteuren könne beispielsweise durch den Kontakt zu den in der Branche namhaften Unternehmen oder zu wichtigen Verbänden hergestellt werden. Im Bereich von Marktplätzen wurden beispielsweise auch die wichtigsten Messeveranstalter als derartige Schnittstelle von den Interviewpartnern genannt. Vorteilhaft könnten nach Aussage der Befragten auch Beteiligungen von namenhaften Unternehmen an der Plattform sein, und zwar insbesondere dann, wenn diese über einen nennenswerten Lieferantenstamm verfügen, der bereit ist, zumindest einen Teil seiner Transaktionen über die Plattform abzuwickeln.[26]

---

nutzer besteht somit eine langfristige Kundenbeziehung, die erst aufgebaut werden muss. Insbesondere im Hinblick auf diese Langfristigkeit kommt Vertrauen eine besondere Rolle zu, da Unternehmen nur zur Nutzung einer Plattform bereit sind, wenn eine zuverlässige, robuste und stabile Technologie dahintersteht, die sich langfristig durchsetzen kann und bei der sich die Nutzer sicher sein können, dass sie langfristig am Markt Bestand haben und funktionieren wird und vor allem auch Mehrwert bringen wird. Dieses Vertrauen in die Marktfähigkeit einer B2B-Plattform ist insbesondere auch im Hinblick auf die vielfach hohen Investitionen zu sehen, die Unternehmen zum Aufbau ihres Ökosystems auf sich nehmen müssen. Die Teilnahme wichtiger Player im Markt oder Referenzkunden leistet hier einen erheblichen Beitrag, dieses Vertrauen zu schaffen.

26 Hierbei ist jedoch zu berücksichtigen, dass der Umstand, dass große Wettbewerber selbst Teilhaber einer B2B-Plattform sind, potenzielle Plattformnutzer auch davon abschrecken kann, selbst an der Plattform teilzunehmen. Hier ist zu differenzieren, ob große Unternehmen/Wettbewerber an einer B2B-Plattform teilnehmen oder diese selbst betreiben. Im Hinblick auf die Nutzung einer B2B-Plattform kann die Teilnahme großer und bekannter Unternehmen Vorteile bringen, weil sie für Verlässlichkeit und Beständigkeit stehen. Sind große Unternehmen/Wettbewerber selbst Betreiber einer B2B-Plattform kann dies hingegen einen negativen Effekt auf die Bereitschaft von Unternehmen haben, auch an der Plattform teilzunehmen, da Abhängigkeitsbedenken und Bedenken im Hinblick auf die Weitergabe von Geschäftsgeheimnissen mit in die Entscheidung über die Plattformnutzung einfließen. Potenzielle Plattformnutzer stehen vertikal integrierten B2B-Plattformen oft skeptisch gegenüber, wenn der Betreiber der Plattform in einer Konkurrenzbeziehung zu den potenziellen Plattformnutzern steht. Sie fürchten, dass Interessenkonflikte dazu führen, dass Plattformbetreiber zugunsten eigener Produkte und Dienstleistungen oder verbundener Unternehmen (d. h. ihrer Tochterunternehmen) agieren bzw. unabhängige Dritte benachteiligen, sodass diese in der Konsequenz Einbußen bei den Gewinnmargen hinnehmen müssen, Marktanteile verlieren oder gänzlich vom Markt gedrängt werden. Daher ist Plattformneutralität für viele potenzielle Plattformnutzer ein wichtiges Kriterium, um Vertrauen in die B2B-Plattform aufzubauen. Dies zeigt sich am Beispiel Amazon. Bereits heute ist eine verstärkte Aktivität von Amazon auch im B2B-Bereich zu beobachten. Zwei wesentliche Aspekte sprechen jedoch gegen einen vergleichbaren Erfolg dieser Plattformen im B2B-Bereich. So haben die großen B2C-Marktplätze zum einen das Problem, dass (Marken-)Produzenten im

Nur wenn ein B2B-Plattformbetreiber eine bekannte, verlässliche Institution oder einen Repräsentanten der Branche hinter sich hat, entsteht nach Auffassung der Interviewpartner Vertrauen bei Anbietern und Nachfragern von Produkten und Dienstleistungen und die Bereitschaft, die B2B-Plattform zu nutzen.[27] Dieses Vertrauen könne beispielsweise auch durch die gemeinsame Entwicklung einer B2B-Plattform durch die wichtigsten Hersteller einer Branche etabliert werden, die zusammen die zu Beginn erforderliche kritische Masse an Nutzern bildet.[28] Dieser Support wichtiger Institutionen der Branche ist nach Auffassung der meisten Interviewpartner zentral für die Vertrauensbildung, da er für Kontinuität/Beständigkeit, Seriosität und Verlässlichkeit steht. Nur wenn potenzielle Plattformnutzer an den Erfolg einer B2B-Plattform glauben, würden sie auch bereit sein, teilzunehmen und die damit verbundenen Investitionen auf sich zu nehmen.

Das zweite wichtige Kriterium für den Erfolg einer B2B-Plattform, welches von nahezu allen Befragten aufgezählt wurde, ist Branchen-Knowhow, d. h. ein Verständnis dafür, wie der Markt funktioniert, wie Transaktionen vonstattengehen, mit welchen Problemen die Anbieter und Nachfrager von Gütern und Dienstleistungen konfrontiert sind etc. Nur wer über Branchenkenntnisse verfügt, sei in der Lage, die Geschäftsprozesse adäquat zu digitalisieren und glaubwürdig zu vermitteln, dass die Plattform einen Mehrwert bietet.

Vor dem Hintergrund dieser zentralen Erfolgsfaktoren für B2B-Plattformen wird ein Vorteil für den Unternehmensstandort Nordrhein-Westfalen

B2B-Bereich nicht die gleiche Abhängigkeit eingehen möchten, wie sie mittlerweile im B2C-Bereich besteht. Produzenten entscheiden sich aus diesem Grund bewusst gegen die Nutzung der entsprechenden B2B-Plattformen (beispielsweise Amazon Business). Zum anderen sind die großen B2C-Plattformen mittlerweile nicht nur Plattformbetreiber, sondern selbst Hersteller und damit auch Wettbewerber für viele Produzenten. Durch die Teilnahme bei Amazon Business würden viele relevante Produktdaten der Hersteller preisgegeben, womit es für Amazon als Händler einfach ist, beliebte Produkte nachzubilden und billiger zu verkaufen. Aus diesem Grund sind für Unternehmen im B2B-Bereich Plattformen interessant, die nur als Plattformbetreiber agieren und nicht selbst Händler sind.

27 Vertrauen muss beispielsweise im Hinblick auf die Beständigkeit der Plattform aufgebaut werden. Handelt es sich um eine verlässliche Technologie, die dauerhaft Bestand haben wird? Zudem spielen Datenschutz und IT-Security eine wesentliche Rolle.

28 Hierbei ist jedoch zu berücksichtigen, dass ein derartiges Vorhaben frühzeitige Kontaktaufnahme mit den Kartellbehörden erfordern würde, um Kartellbedenken auszuräumen.

aus Sicht der meisten Interviewpartner darin gesehen, dass Nordrhein-Westfalen eine breite Vielfalt an Branchen mit einer Kombination von weltbekannten Unternehmen und KMU bietet, was grundsätzlich gute Bedingungen für die Entstehung von B2B-Plattformen offeriert (hierzu genauer auch Kapitel 3.2.3).

3.2.2 Hemmnisse für die Entwicklung und das Wachstum von B2B-Plattformen

Auf die Frage nach Markteintrittsbarrieren wurde insbesondere der Vertriebsaufwand von den Befragten hervorgehoben, der anfällt, bis eine B2B-Plattform die Gewinnschwelle erreicht. Der Grund hierfür sei, dass der Vertrieb der Plattformen bzw. die Nutzerakquise in der Regel sehr personalintensiv ist, da zunächst das Vertrauen der potenziellen Plattformnutzer gewonnen werden müsse. Hierzu sei es erforderlich, oft mehrere Entscheidungsträger vom Mehrwert der B2B-Plattform zu überzeugen; die Überzeugungsarbeit erfolge nicht selten im Rahmen persönlicher Gespräche. Darüber hinaus sei die Anbindung der Unternehmen an die Plattform in vielen Fällen zeitintensiv, insbesondere bei IoT-Plattformen. Die Unternehmen benötigten darüber hinaus häufig Unterstützung beim Onboarding. All dies sei mit einem hohen Personalbedarf verbunden, der sich in relativ hohen Personalkosten niederschlagen kann. Derartige Faktoren hemmen aus Sicht der Befragten die Entstehung von B2B-Plattformen.

Eine weitere zentrale Hürde für die Entstehung von B2B-Plattformen ist nach Auffassung vieler Interviewpartner die Finanzierung. Insbesondere in der Anfangsphase seien meist zweistellige Millionenbeträge für das Wachstum der Plattform erforderlich. Nach Auffassung einiger Experten fehle es an Wagniskapital, insbesondere Venture Capital. Der Grund für das Fehlen dieses Kapitals wurde darin gesehen, dass Deutschland kein unternehmerfreundliches Umfeld für Investoren sei, insbesondere für Venture Capitalists. So haben einige Plattformbetreiber, die auch in Start-ups investieren, geäußert, dass sie dies nicht mehr in Deutschland machen. Dabei wurde zum einen das Arbeits-, Sozial-, Gesellschafts- und Steuerrecht als zu komplex für eine erfolgreiche Entwicklung von Start-ups angesehen. Zum anderen verhindere ausschweifende Regulierung, dass ausreichend digitale Initiativen gestartet werden. In diesem Zusammenhang wurde insbesondere die DSGVO als zu komplex und als wettbewerbshindernd im internationalen Umfeld erachtet.

Vor diesem Hintergrund sind auch die Verbesserungsvorschläge zu Rahmenbedingungen für B2B-Plattformen in Nordrhein-Westfalen zu sehen, die von einigen Interviewpartnern geäußert wurden. Diese regten an, die Finanzierung von Start-ups zu erleichtern, indem insbesondere das Eigenkapitalinvestment in Form von direkten (offenen) Beteiligungen begünstigt oder Venture Capital-Finanzierung erleichtert wird (siehe hierzu noch ausführlich Kapitel 5.4). Auf diese Weise würde das Risiko für Start-ups reduziert, was die Gründung von B2B-Plattformen tendenziell begünstigen dürfte, so einige Interviewpartner. Denn vor allem Start-ups, die nicht über das oben beschriebene Netzwerk an Branchenkontakten verfügen, benötigten typischerweise entsprechend lange, um erste Gewinne zu erwirtschaften. Hier gelte es die nötigen Rahmenbedingungen zu schaffen, dass sich die erfolgreichen Start-ups durch die benötigte Wachstumsfinanzierung entwickeln könnten und nicht ins Ausland gingen (wie es derzeit nach Aussagen der Interviewpartner vielfach der Fall ist). Dies könne aber nur sichergestellt werden, wenn Deutschland ein unternehmerfreundliches Umfeld für Investoren biete, so die Befragten.

Vereinzelt wurde auch das Fehlen von Informatikern insbesondere für Webanwendungen mit Kenntnissen der neuesten Programmiersprachen als Hürde für die Gründung von B2B-Plattformen genannt. Diese Qualifikationen seien in Deutschland äußerst rar, weshalb es erforderlich ist, sie weltweit anzuwerben. Die Rekrutierung sei sehr aufwendig, unter anderem weil die Beantragung einer „*EU Blue Card*“[29] in Nordrhein-Westfalen zu bürokratisch ablaufe und viel Zeit bis zur Ausstellung verstreiche. In Berlin hingegen werde die EU Blue Card deutlich schneller (oft innerhalb einer Woche) ausgestellt, unter anderem weil Unternehmen bzw. Antragsteller Unterstützung von „*Berlin Partner für Wirtschaft und Technologie GmbH*“ erhalten. Die Gesellschaft wird vom Land Berlin, Kammern, Verbänden und Unternehmen getragen.[30] Derartige Dienstleistungen würden in Nordrhein-Westfalen fehlen, so ein Interviewpartner, wären jedoch für den Standort Nordrhein-Westfalen vorteilhaft. Problematisch sei in diesem Kontext nach Auffassung einiger Interviewpartner auch, dass Nordrhein-

29 „Bei der Blauen Karte EU (engl. EU Blue Card) handelt es sich um einen von einem Mitgliedsstaat der Europäischen Union erteilten Aufenthaltstitel zum Zwecke der Aufnahme einer Erwerbstätigkeit in dem jeweiligen Mitgliedsstaat für Angehörige von Drittstaaten.“ https://www.auswaertiges-amt.de/de/service/fragenkatalog-node/02a-blue-card-eu/606572, abgerufen am: 20. Oktober 2020.

30 Vgl. https://www.berlin-partner.de/unsere-services/talent-services/, abgerufen am: 3. November 2020.

Westfalen die überregionale und internationale Anziehungskraft bei der Gewinnung von Fachkräften fehle; diese ziehe es eher nach Berlin.

Abschließend ist zu erwähnen, dass einige etablierte Unternehmen, die eine B2B-Plattform im Markt positioniert haben, die Beachtung des Kartellrechts als äußerst herausfordernd empfunden haben. Um eine B2B-Plattform betreiben zu können, über die auch Wettbewerber Waren und Dienstleistungen vertreiben können, müssten sie eine Vielzahl an Vorgaben einhalten. Dazu gehöre z. B. die Sicherstellung der informatorischen Trennung von Plattformbetrieb und Eigenvertrieb durch die Implementierung sogenannter „*Chinese Walls*". Ferner befindet ein Experte, dass durch die Datenschutzgrundverordnung die Entwicklung von B2B-Plattformen in Deutschland erschwert werde; die Datenschutzgrundverordnung stelle einen Wettbewerbsnachteil gegenüber USA und China dar.

Als wesentliches Hemmnis für die Nutzung von B2B-Plattformen sehen einige der Experten die Unwissenheit in den oberen Führungspositionen – zum einen die Unwissenheit über die Potenziale von digitalen Plattformen und zum anderen aber auch die Unwissenheit über die Möglichkeiten und den geschaffenen Mehrwert.[31] Auch wüssten viele Unternehmer nicht, dass sie selbst zum Plattformbetreiber werden könnten. Diese Unwissenheit ist nach Expertenaussagen insbesondere im Bereich des Mittelstandes vorzufinden, wo Entscheider häufig älteren Generationen angehören, die traditionelle Unternehmensideen und Geschäftsmodelle bewahren wollen. Nach Meinung eines Experten verkennen einige Unternehmen in Deutschland die Dynamik, mit der sich die digitale Transformation vollzieht und bestehende, über Jahrzehnte gewachsene Strukturen wie z. B. Vertriebsnetzwerke aufgebrochen werden. Erschwerend komme hinzu, dass die Umstellung auf B2B-Plattform-Geschäftsmodelle mit Investitionen verbunden ist, die gescheut würden.

Insgesamt beziehen sich die Aussagen der Befragten in erster Linie auf Hemmnisse bei der Gründung von B2B-Plattformen. Lediglich das Informationsdefizit auf Unternehmensseite wurde als zentrales Hemmnis für

---

31 In Bezug auf Unwissenheit werden von den Befragten auch Datensicherheitsaspekte genannt. Datensicherheit sei ein sehr emotionales Thema, was nach Aussage vieler Befragten oft nicht objektiv behandelt werde. So sei Cloud Computing eigentlich viel sicherer als die Speicherung auf einem eigenen Rechner, der beispielsweise leicht geklaut werden kann. Das gehe bei einem Datencenter nicht so einfach. Zudem seien die Firewalls in Unternehmen oft nicht upgedatet. Im Datencenter kümmert sich hingegen ein ganzes Team nur um dieses Thema. Derartige Aspekte sind vielen Unternehmen nach Aussage der Befragten häufig nicht klar.

die Nutzung von B2B-Plattformen genannt. Die Aussagen der Interviewpartner sind zudem tendenziell allgemein gehalten. Faktoren, die speziell in Nordrhein-Westfalen die Entstehung von B2B-Plattformen hemmen, wurden kaum bis gar nicht genannt – abgesehen davon, dass Städte wie Berlin, Hamburg oder München einen *„besseren Ruf"* für ihre Start-up-Szene haben als beispielsweise Köln, Düsseldorf oder Essen und dies insbesondere die Akquirierung von Fachkräften aus dem Ausland hemmen kann. Die im nächsten Abschnitt erfolgende Auswertung bzgl. der Standortfaktoren hat diesbezüglich zumindest etwas mehr Aufschluss darüber gegeben, was die Entstehung von B2B-Plattformen spezifisch in Nordrhein-Westfalen forcieren könnte.

3.2.3 Standortfaktoren

Im Rahmen der Befragung über die Standortfaktoren wurden die Interviewpartner zunächst nach ihrer Einschätzung über das Start-up-Ökosystem in Nordrhein-Westfalen gefragt. Das Start-up-Ökosystem in Nordrhein-Westfalen wird nur teilweise als gut beurteilt; einige der Befragten sehen auch Verbesserungspotenzial; Initiativen der Landesregierung werden als zu träge beurteilt. So wird beispielsweise die Vernetzung teilweise als unzureichend angesehen. Staatliche Akteure seien zu dominant und träfen häufig auch die falschen Entscheidungen (*„gefördert werden die, die man kennt, und nicht die, die gut sind"*). Insgesamt lässt sich aus den Antworten kein einheitliches Bild ableiten. Die Befragten, die das Start-up-Ökosystem als gut beurteilen, weisen auf eine große Dynamik in den letzten Jahren hin. So sei durch die DigitalHubs, die Gründerzentren und die Gründer-Stipendien viel entstanden. Auch biete die Förderlandschaft grundsätzlich gute Möglichkeiten für die Gründung von B2B-Plattformen.

Auf die Frage nach der Relevanz von regionaler Nähe zu potenziellen Plattformnutzern für die Gründung von B2B-Plattformen gab es unterschiedliche Aussagen. Insgesamt deuten die Antworten jedoch darauf hin, dass zumindest in der Anfangsphase die regionale Nähe zu einer signifikanten Anzahl von potenziellen Plattformnutzern – wie Unternehmen und/oder wichtigen Institutionen der Branche (beispielsweise Verband der Einkäufer in der Branche, Verband der Verkäufer in der Branche) – von den Befragten als vorteilhaft erachtet wurde, um das *„Henne-Ei-Problem"* sowie das oben beschriebene Problem der Vertrauensbildung durch Referenzkunden oder -akteure zu lösen bzw. hinreichend viele Plattformnutzer zu akquirieren. Regionale Nähe könne auch dann relevant sein, wenn es für die Akquise der Plattformnutzer eines wiederholten persönlichen Kontaktes bedarf oder diese Unterstützung beim Onboarding oder Troubleshooting benötigten, sodass es erforderlich ist, die Plattformnutzer vor Ort aufzusuchen. Nach Auffassung der Befragten hängt die Relevanz regionaler Aspekte grundsätzlich stark vom zugrunde liegenden Spektrum ab, innerhalb dessen man sich bewege. Im Bereich IoT, Cloud Computing und Software as a Service („*SaaS*") nehme die physische Bedeutung des Unternehmenssitzes tendenziell immer mehr ab. Dies gelte typischerweise auch für Marktplätze, wenn es um die Skalierung geht. Im Bereich Einzelhandel oder Logistik seien regionale Faktoren eher denkbar, aber auch nicht notwendigerweise im Hinblick auf den Unternehmenssitz selbst, sondern eher bei der Gründung kleinerer Plattformen. So wäre beispielsweise denkbar, dass sich kleine Logistik-Unternehmen in einer bestimmten Region auf einer B2B-Plattform zusammenschließen, um ihre Nachfrage zu einer effizienteren Gestaltung ihrer Logistik-Prozesse zu bündeln. Da der Wert und der Nutzen einer Plattform für die potenziellen Plattformnutzer signifikant von ihrer Reichweite determiniert werde, verliere die regionale Nähe zu Plattformnutzern jedoch im Zuge des Plattformwachstums an Bedeutung. Für das Wachstum einer B2B-Plattform sei die regionale Beschränkung hinderlich. Vielmehr sei es wichtig, auch Plattformnutzer außerhalb Deutschlands gewinnen zu können. Dies gelte insbesondere, wenn die Branche global aufgestellt ist.

Nordrhein-Westfalen wird vor allem als ein geeigneter Standort angesehen, um B2B-Plattform zu initiieren, da Nordrhein-Westfalen über eine große Branchenvielfalt verfügt und B2B-Plattformen sehr branchenspezifisch etabliert sind.[32] Auch die Unternehmenslandschaft mit vielen Großkonzernen und einer Vielzahl an mittelständischen Unternehmen wird von den Experten als vorteilhaft zur Gründung von B2B-Plattformen erachtet. Die große Anzahl von Mittelständlern in vielen Branchen ist nach

32 Mit knapp 20 Prozent des deutschen Industrieumsatzes ist Nordrhein-Westfalen die industrielle Kernregion Deutschlands. Viele weltweit bekannte Unternehmen etwa in der Chemischen Industrie, im Bereich Maschinenbau oder im Bereich Telekommunikation haben ihren Sitz in Nordrhein-Westfalen, darunter auch einige Weltmarkführer. So ist beispielsweise viel traditionelles Business in Nordrhein-Westfalen beheimatet, wie beispielsweise die Metro, Rewe oder Aldi im Einzelhandel, Eon, Deutsche Telekom, Henkel, BASF etc. Viele dieser Unternehmen sind DAX-Konzerne und Weltmarktführer in ihrer Branche. Nordrhein-Westfalen bietet auch sehr viel Softwarekompetenzen im Telekommunikationsbereich (Vodafone Headquarter in Düsseldorf, Deutsche Telekom in Bonn).

Auffassung einiger Interviewpartner insbesondere im Hinblick auf potenzielle Plattformnutzer von Bedeutung.

Aus Sicht der Befragten bietet Nordrhein-Westfalen damit eine optimale Kombination aus Branchenexpertise und wichtigen Domänen in bestimmten Bereichen. Dieses Zusammentreffen einer Vielzahl großer, weltbekannter Unternehmen und KMU in den unterschiedlichsten Branchen auf relativ engem Raum, wird als sehr vorteilhaft erachtet, die B2B-Plattformökonomie aktiv mitzugestalten. Eine derartige Ausgangssituation schaffe optimale Bedingungen, B2B-Plattformen zu gründen, da die oben genannten Hürden wie Vernetzung innerhalb einer Branche, Branchen-Know-how, das Vorhandensein wichtiger Player einer Branche etc. aufeinanderträfen. Zudem resultiere hieraus auch eine Anziehungskraft für internationale Unternehmen, da Nordrhein-Westfalen gute Voraussetzungen für Investoren bei der Suche nach Kooperationspartnern bei Produktentwicklung, Produktionsabläufen, bei Service oder Forschung biete.

Darüber hinaus verfüge Nordrhein-Westfalen als bevölkerungsreichtes Bundesland über ein großes Einzugsgebiet, welches grundsätzlich eine kritische Masse an Plattformnutzern bereithalte.[33] Eine hohe Wachstumsrate bei der Inlandsnachfrage setzt aus Sicht vieler der Befragten grundsätzlich Investitionsanreize und fördert die Einführung neuer oder die Fortentwicklung bestehender Technologien, z. B. in Form von B2B-Plattformen. Wie durch die Experteninterviews bestätigt wurde, kann die regionale Nachfrage zumindest in manchen Branchen bzw. bei der Entwicklung von Nischenplattformen sowie bei der Gründung von B2B-Plattformen eine wichtige Bedeutung einnehmen. All dies bietet aus Sicht der Befragten optimale Bedingungen für das Entstehen von B2B-Plattformen.

33 Nordrhein-Westfalen profitiert von großen Ballungszentren und verfügt somit über eine erhebliche Kaufkraft. Rund ein Fünftel des deutschen Bruttoinlandsproduktes wird in Nordrhein-Westfalen erwirtschaftet. Die großen Ballungszentren offerieren ein Einzugsgebiet, das deutschlandweit einzigartig ist. Damit zeigt sich das Marktpotenzial des Landes nicht nur gemessen an der Kaufkraft, sondern auch gemessen am Einzugsradius: Um die Landeshauptstadt Düsseldorf leben beispielsweise in einem Radius von 500 Kilometern über 160 Millionen Menschen. Auch aus europäischer Sicht ist Nordrhein-Westfalen eine der bedeutendsten Wirtschaftsregionen (vgl. https://www.nrwinvest.com/de/standort-nrw/das-spricht-fuer-nrw/dynamischer-wirtschaftsstandort/, abgerufen am: 21. September 2020).

3.2.4 Branchenpotenzial für B2B-Plattformen

Im Rahmen der Informationserhebung wurde auch nach Branchen gefragt, die über gute Voraussetzungen für B2B-Plattformen verfügen. Nach Auffassung der Experten sind solche Branchen oder Branchenbereiche besonders günstig, die eine kleinteilige Anbieter- und Nachfragestruktur aufweisen und durch wiederkehrende Geschäftsprozesse wie z. B. Einkaufs- und Verkaufsprozesse charakterisiert sind. Ein derartiges Umfeld biete zunächst optimale Voraussetzungen für eine B2B-Plattform, da diese Kommunikationsprobleme zwischen Anbietern und Nachfragern zu lösen vermag. Eine internationale Dimension sei insbesondere bei Marktplätzen von großem Vorteil. Des Weiteren sei die Standardisierbarkeit von Prozessen, Waren und Dienstleistungen relevant; sie entscheide über die Skalierbarkeit der Plattform, so die Interviewpartner.

Besonders hervorgehoben wurde in diesem Zusammenhang die Logistikbranche. Experten sehen hier ein großes Potenzial, da B2B-Plattformen Logistik- und Supply-Chain-Prozesse effizienter machen können. Da Deutschland und auch speziell Nordrhein-Westfalen ein sehr bekannter Standort für Messen ist, besteht nach Aussage eines Interviewpartners großes Potenzial für Online-Marktplätze. Messebetreiber hätten häufig weltweite Vertriebsnetzwerke und verfügten über internationale Bekanntheit, was ein optimaler Ausgangspunkt für Online-Marktplätze sei (beispielsweise Köln Möbelmesse (Vertriebsnetzwerk: 100 Büros weltweit). Damit haben Deutschland und Nordrhein-Westfalen als wichtiger Messestandort in Deutschland die beste Voraussetzung, den B2B-Bereich hier nachhaltig zu dominieren (vgl. hierzu noch genauer Kapitel 5.2). Dieser Aspekt ist auch aus ökonomischer Sicht hervorzuheben. Durch die weltweiten Vertriebsnetzwerke verfügen Messen über die Grundvoraussetzung, um schnell skalierbares Wachstum über Netzeffekte zu generieren. Die internationale Bekanntheit, weltweiten Kontakte und Branchen-Know-how dienen zur Milderung des Vertrauensproblems – ein Vorteil, von dem Start-ups typischerweise nicht profitieren können.

Ferner wird bei der Abfall- und Entsorgungswirtschaft Potenzial für B2B-Plattformen gesehen, da es hier keine nennenswerten Kommunikationsstandards gibt, hoher Zeitaufwand für administrative Tätigkeiten anfällt und große Informationsasymmetrien vorliegen. Darüber hinaus vollziehe sich in der Abfall- und Entsorgungswirtschaft derzeit ein Generationenwechsel, was die Erfolgsaussichten von B2B-Plattformen erhöhe. Zudem seien B2B-Plattformen nach Aussagen der Experten eine zentrale Voraussetzung für die Umsetzung der Kreislaufwirtschaft. Auch in der Energiewirtschaft wird aufgrund des hohen Kostendrucks ein großes Potenzial für B2B-Plattformen gesehen. Unabhängig von einzelnen Branchen sind B2B-Plattformen nach Aussage der meisten Experten jedoch kein Thema einzelner Branchen, da sich in nahezu allen Branchen Effizienzvorteile durch den Einsatz von B2B-Plattformen realisieren ließen.[34] Der Markteintritt von B2B-Plattformen sei daher nur eine Frage der Zeit, so einige Interviewpartner.

Bevor im Folgenden eine eingehende Analyse über die Potenziale von B2B-Plattformen in Nordrhein-Westfalen erfolgt, insbesondere im Hinblick auf eine inhaltliche und räumliche Konzentration, werden im nächsten Kapitel zunächst die Rechercheergebnisse zu den heute existierenden B2B-Plattformen in Nordrhein-Westfalen präsentiert.

34 Ein interessantes Beispiel wurde in diesem Zusammenhang aus der Baubranche genannt. Die Sensor-Technik Wiedemann GmbH betreibt einen Plattform-Ansatz für die Baubranche. Über die Plattform wird der Zustand der Baustellen überwacht und anhand Echtzeitanalyse optimiert. Zudem sind beispielsweise Materiallieferungen über Sensoren voll automatisiert.

4. Potenziale von B2B-Plattformen in Nordrhein-Westfalen

4.1 Bestandsaufnahme von B2B-Plattformen in Nordrhein-Westfalen

Ein Ziel der vorliegenden Studien war es, möglichst viele B2B-Plattformen zu erfassen, die in Nordrhein-Westfalen beheimatet sind. Tabelle 2 beziffert die deutschen B2B-Plattformen in Nordrhein-Westfalen. Eine genauere Darstellung der B2B-Plattformen der in NRW verorteten B2B-Plattformen findet sich in Anhang A, Tabelle 5.

Tabelle 2: Übersicht B2B-Plattformen in NRW

Plattformkategorie	**Anzahl der erfassten B2B-Plattformen in NRW**
Datenzentrierte Plattformen (*Beispiele: Industrial Internet of Things-Plattformen*)	17
Transaktionszentrierte Plattformen (*Beispiele: Marktplätze, Fertigungsplattformen, Logistikplattformen*)	49
Insgesamt	66

Zur Identifizierung und Erfassung der B2B-Plattformen wurde auf Desk Research zurückgegriffen: So hat z. B. der BDI eine Übersicht zu B2B-Plattformen in Deutschland erstellt, die 79 Beispiele für B2B-Plattformen beinhaltet (vgl. BDI, 2019). Zudem fand die Erhebung über den an Industrie- und Handelskammern sowie Handwerkskammern verschickten Fragebogen statt. Darüber hinaus wurden Interviewpartner um Auskunft gebeten. Ferner wurden verschiedene Datenbanken bemüht.

Abbildung 1 veranschaulicht grafisch, wo sich die B2B-Plattformen in Nordrhein-Westfalen befinden. Für eine systematische Analyse der Ansiedlung von B2B-Plattformen ist die Anzahl der Plattformen zu klein, jedoch wurde vereinzelt von Interviewpartnern die Nähe zu den Unternehmen als potenzielle Plattformnutzer als Kriterium zur Wahl des Plattformsitzes genannt.

Abbildung 1: Ansiedlung von B2B-Plattformen in Nordrhein-Westfalen

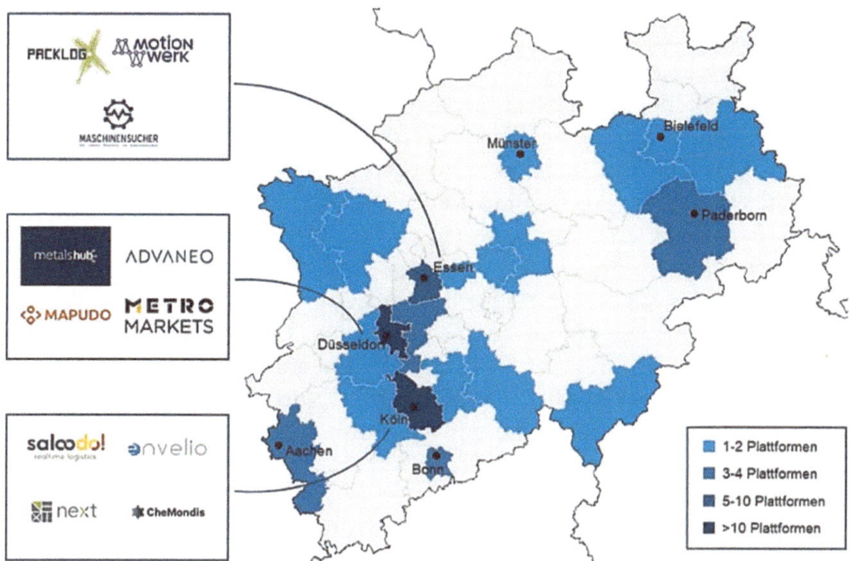

Quelle: Eigene Darstellung.

4.2 Inhaltliche Konzentration von B2B-Plattformen in Nordrhein-Westfalen

Auf Basis der vorangegangenen Analyse erfolgt in diesem Abschnitt eine Beurteilung darüber, welche Arten von B2B-Plattformen in Nordrhein-Westfalen besonders aussichtsreich sein könnten. Konkret soll die Frage beantwortet werden, ob es in Nordrhein-Westfalen bestimmte Branchen oder Technologien mit besonders guten Voraussetzungen für das Entstehen von B2B-Plattformen gibt. Haupttreiber für die Entstehung von B2B-Plattformen sind bisher ungenutzte Transaktionspotenziale (beispielsweise weil das notwendige „*Matching*“ mit zu hohen Transaktionskosten verbunden wäre). Dies ist besonders dann der Fall, wenn es sehr viele Anbieter und/oder Nachfrager gibt und diese sehr zersplittert sind. In oligopolistischen Branchen mit weniger Marktteilnehmern hingegen sind die Vorteile der Plattformbildung sehr überschaubar. Zugleich erfordern B2B-Plattformen ein gewisses Maß an Standardisierung im Hinblick auf die angebotene Dienstleistung.

B2B-Plattformen führen zur Entstehung komplexer Ökosysteme innerhalb derer Wertschöpfungsketten miteinander verbunden sind und Wertschöpfungspartnerschaften entstehen. Auf Basis dieser Infrastruktur vertreiben Akteure des Ökosystems ihre eigenen, aufeinander aufbauenden bzw. einander ergänzenden Produkte und Dienste. Unter Berücksichtigung dieses Ökosystem-Gedankens schaffen B2B-Plattformen durch die damit einhergehende Prozessvernetzung grundsätzlich in Branchen Mehrwerte, in denen Wertschöpfungsprozesse komplex und übergreifend sind und an denen verschiedene Akteure beteiligt sind. Die Beteiligung einer Vielzahl von Akteuren oder Branchen innerhalb eines Wertschöpfungsprozesses ist zum einen typischerweise durch einen hohen administrativen Aufwand charakterisiert, zum anderen durch wiederkehrende Beschaffungs- und/oder Weiterverarbeitungs- und Logistik-Prozesse. B2B-Plattformen können hier erheblich zur Senkung von Transaktionskosten sowie zur Generierung von Effizienzgewinnen beitragen.

Um das Potenzial für B2B-Plattformen in Nordrhein-Westfalen bewerten zu können, erfolgt in diesem Abschnitt zunächst eine Analyse der Branchenstruktur in Nordrhein-Westfalen, da die Entstehung bzw. die Potenziale von B2B-Plattformen stark von der zugrunde liegenden Branche und deren struktureller Gegebenheiten abhängen.

4.2.1 Branchenstruktur in Nordrhein-Westfalen

4.2.1.1 Verarbeitendes Gewerbe

In Nordrhein-Westfalen hat das Verarbeitende Gewerbe die Wirtschaftsstruktur viele Jahrzehnte geprägt. Heute haben zwar auch die Dienstleistungsbereiche eine große Bedeutung, die 2017 rund 71,6 Prozent an der Bruttowertschöpfung ausmachten (vgl. NRW.BANK, 2019, S. 16). Die traditionell starken Industriebranchen spielen jedoch nach wie vor eine wichtige Rolle bei der Bruttowertschöpfung des Landes. So ist Nordrhein-Westfalen beispielsweise der bundesweit bedeutendste Standort der Chemischen Industrie. Rund ein Drittel der deutschlandweiten Umsätze in der Chemie werden in Nordrhein-Westfalen erwirtschaftet.[35] Gemessen am Gesamtumsatz steht die Chemische Industrie im industriellen Gewerbe auf Platz 2 nach dem Maschinenbau. Andere wichtige Branchen in Nordrhein-Westfalen sind die Metallerzeugung und -bearbeitung, die Produkti-

35 Vgl. https://www.wirtschaft.nrw/industrie-nordrhein-westfalen, abgerufen am: 31. August 2020.

on von Nahrungs- und Futtermitteln, die Herstellung von Kraftwagen und -teilen sowie die Herstellung von Metallerzeugnissen (vgl. Abbildung 2).[36]

Abbildung 2: Anteil der Beschäftigten und Anteile des Inlands- und Auslandsumsatzes verschiedener Wirtschaftsabteilungen an der Gesamtindustrie in Nordrhein-Westfalen 2015 in Prozent

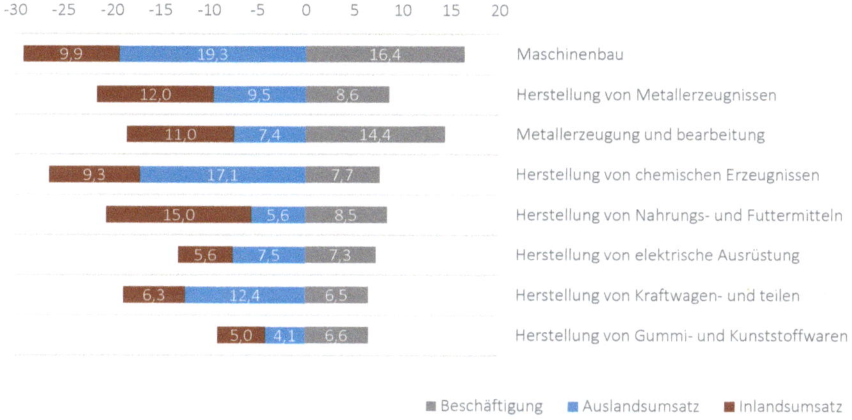

Quelle: Forster (2017, S. 6).

Abbildung 2 zeigt auch die Bedeutung der einzelnen Branchen im Hinblick auf die Anzahl der Beschäftigten. So war der Maschinenbau 2015 nicht nur gemessen am Gesamtumsatz die stärkste Branche in Nordrhein-Westfalen, sondern auch gemessen am Anteil der Beschäftigten mit 16,6 Prozent. Bei der Anzahl der Beschäftigten stand die Herstellung von Metallerzeugnissen mit 14,4 Prozent sowie die Metallerzeugung und -bearbeitung mit neun Prozent noch vor der Herstellung von chemischen Erzeugnissen, die zwar umsatzmäßig den zweiten Platz nach dem Maschinenbau eingenommen hat, aber nur einen Anteil an den Beschäftigten von rund acht Prozent ausmachte. Im Hinblick auf die Beurteilung des Potenzials von B2B-Plattformen können auch Daten über die Anzahl der Betriebe innerhalb einer Branche aufschlussreich sein, da indirekte Netzeffekte erst zum Tragen kommen, wenn eine kritische Masse an Nutzern erreicht ist. Gemessen am Anteil aller Betriebe im industriellen Bereich[37] ist die Me-

36 Vgl. https://www.it.nrw/statistik/wirtschaft-und-umwelt/industrie/industrie-insgesamt, abgerufen am: 1. September 2020.

37 mit mindestens 20 Beschäftigten.

tallerzeugung mit rund 20 Prozent aller Betriebe die am stärksten vertretene Branche, gefolgt vom Maschinenbau, der rund 15 Prozent der industriellen Betriebe ausmacht. Auf die Erzeugung von Nahrung, Getränken und Tabakwaren entfallen rund elf Prozent aller Betriebe (vgl. Abbildung 3).

Abbildung 3: Industrielle Branchenstruktur in Nordrhein-Westfalen – Anteil der Betriebe im Verarbeitenden Gewerbe 2018 in Prozent

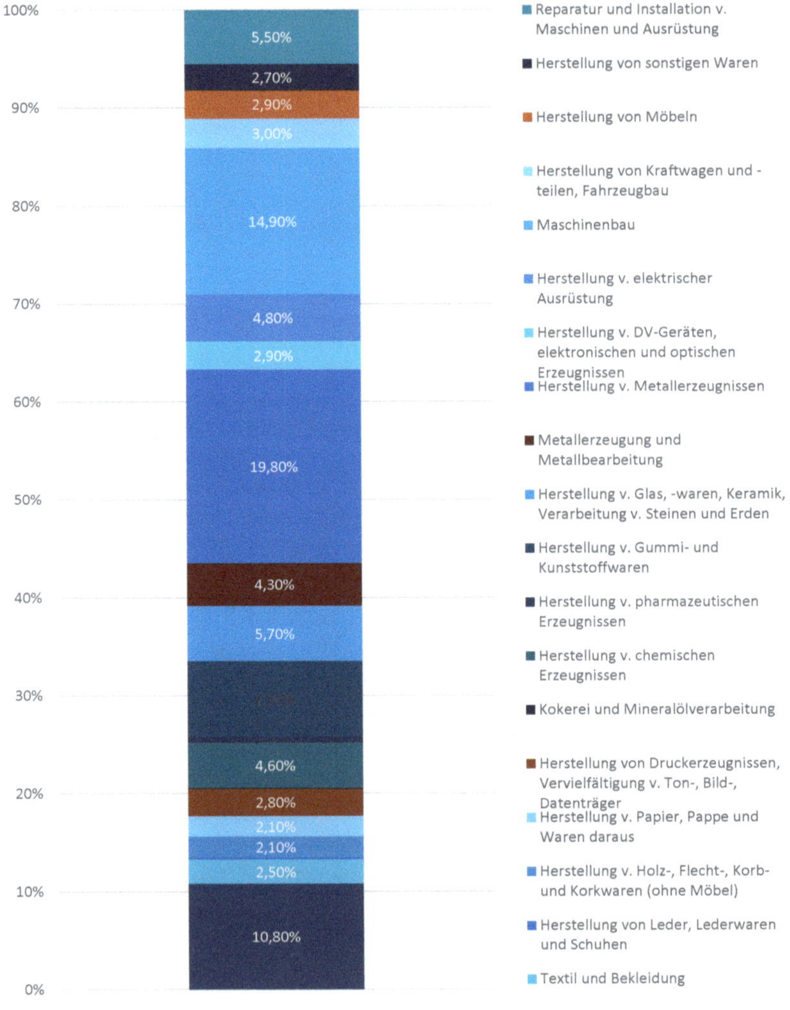

Quelle: NRW.BANK (2019).

Neben diesen gemessen an Umsatz und Beschäftigten starken Branchen ist Nordrhein-Westfalen für weitere Branchen ein bedeutender Standort, die sich jedoch weniger am Gesamtumsatz oder an der Anzahl an Beschäftigten bzw. der Betriebe zeigt. So ist Nordrhein-Westfalen in der globalisierten Textil- und Bekleidungsindustrie in Deutschland und in Europa ein führender Standort.[38] Westfalen-Lippe ist das Zentrum der Holz- und Möbelindustrie in Deutschland und Europa. Und auch im Bereich der Papierindustrie nimmt Nordrhein-Westfalen innerhalb Deutschlands die Spitzenstellung ein. Die deutsche Papierindustrie zählt international zu den größten Erzeugern von Papier, Karton und Pappe. Darüber hinaus verfügt Nordrhein-Westfalen über wichtige Rohstoffe wie Kies, Sand oder Kalkstein und andere Festgesteine und kann von einer leistungsfähigen Baustoff- und Rohstoffindustrie profitieren, die überregionale Bedeutung hat und einen bedeutenden Wirtschaftsfaktor darstellt. Als innovativer Industriezweig steht die Rohstoffindustrie am Anfang vieler Wertschöpfungsketten.[39]

Neben dem industriellen Bereich ist in Nordrhein-Westfalen auch das Handwerk eine wichtige Säule des sekundären Sektors. Mehr als zehn Prozent der Erwerbstätigen in Nordrhein-Westfalen sind in einem handwerklichen Betrieb angestellt. Handwerksbetriebe machen gut ein Viertel aller KMU in Nordrhein-Westfalen aus. Der Jahresumsatz der Handwerksbetriebe lag 2018 bei 130 Milliarden Euro, was mehr als einem Sechstel der gesamten Wirtschaftsleistung in Nordrhein-Westfalen entsprach.[40] Nordrhein-Westfalen ist zudem ein bedeutender Standort für die Energieversorgung. Rund ein Viertel des deutschen Stroms wird hier erzeugt und auch wieder verbraucht. Dies ist nicht zuletzt auf die vielen energieintensiven Industrien sowie kleinen und mittelständischen Unternehmen, aber auch auf die hohe Bevölkerungsdichte in Nordrhein-Westfalen zurückzuführen. Digitalisierung und die Entwicklung integrierter und effizienter Energielösungen sind für die Gewährleistung einer bezahlbaren Energieversorgung unabdingbar.[41]

Innerhalb dieser für Nordrhein-Westfalen etablierten Branchen haben sich viele wichtige Cluster gebildet. Cluster beschreiben Netzwerke von

---

38 Vgl. https://www.wirtschaft.nrw/industrie-nordrhein-westfalen, abgerufen am: 31. August 2020.

39 Vgl. https://www.wirtschaft.nrw/industrie-nordrhein-westfalen, abgerufen am: 31. August 2020.

40 Vgl. https://www.wirtschaft.nrw/handwerk, abgerufen am: 8. September 2020.

41 Vgl. https://www.wirtschaft.nrw/energiewirtschaft-nrw, abgerufen am: 8. September 2020.

Produzenten, Zulieferern, Hochschulen und Forschungseinrichtungen, Dienstleistungen, Handwerkern und verbundenen Institutionen (wie z. B. Verbände, Industrie- und Handelskammern) mit einer gewissen regionalen Nähe zueinander, die über gemeinsame Austauschbeziehungen entlang einer Wertschöpfungskette entstehen oder die sich aufgrund gemeinsamer günstiger Standortfaktoren regional ballen. Die Existenz von Clustern verwandter und unterstützender Branchen ist eine wichtige Grundlage für unternehmensübergreifende Synergieeffekte, insbesondere in Form von Wissens-Spillovern, welche die Innovationsfähigkeit von Unternehmen forcieren. Nicht nur die Industriedichte innerhalb Nordrhein-Westfalens, sondern auch die hohe Nachfragedichte innerhalb der Ballungsgebiete haben zu diesen Clustern in vielen Branchen geführt.

Aufschluss über die Entwicklung der Nutzung von B2B-Plattformen im Verarbeitenden Gewerbe in Deutschland von 2018 bis 2021 gibt eine vom BMWi in Auftrag gegebene Studie (vgl. hierzu Tabelle 3 und Tabelle 4).

Tabelle 3: Nutzung von Transaktionsplattformen in Deutschland

Branche	2018[42]	Geplanter Zuwachs bis 2021[43]
Fahrzeugbau	35%	12%
Nahrungsindustrie	28%	11%
Elektronikindustrie	26%	17%
Elektroindustrie	25%	18%
Gummi- und Kunststoffindustrie	25%	9%
Maschinenbau	24%	13%
Chemieindustrie	19%	19%
Metallindustrie	16%	11%
Sonstige Branche	27%	15%
Verarbeitendes Gewerbe (Durchschnitt)	24%	13%

Quelle: BMWi (2019b, S. 18).

Transaktionsplattformen werden in erster Linie für den Internetvertrieb (ausschließlich oder zusätzlich zum stationären oder zum angestammten Versandgeschäft) von Produkten eingesetzt (vgl. BMWi, 2019b, S. 18). Von

42 Anteil an Unternehmen, die 2018 B2B-Plattformen nutzten.

43 Anteil der Unternehmen, welche die Nutzung von B2B-Plattformen bis 2021 planen.

den oben identifizierten tragenden Branchen in Nordrhein-Westfalen im industriellen Bereich setzte die Nahrungsindustrie im Jahre 2018 mit 28 Prozent bereits stark auf den Einsatz von Transaktionsplattformen. Im Zeitraum von 2018 bis 2021 sollte dieser Einsatz unter den befragten Unternehmen nochmals um gut ein Drittel erweitert werden. Auch der Bereich Maschinenbau kann im Zeitraum von 2018 bis 2021 eine Zuwachsrate von 50 Prozent verzeichnen, wie auch die Chemieindustrie. Zudem ist in der Metallindustrie eine deutliche Zunahme an Transaktionsplattformen zu erkennen.

Tabelle 4: Nutzung von IoT-Plattformen in Deutschland

Branche	2018[44]	Geplanter Zuwachs bis 2021[45]
Fahrzeugbau	25%	7%
Nahrungsindustrie	9%	8%
Elektronikindustrie	21%	24%
Elektroindustrie	19%	10%
Gummi- und Kunststoffindustrie	14%	8%
Maschinenbau	24%	20%
Chemieindustrie	22%	14%
Metallindustrie	9%	6%
Sonstige Branche	18%	13%
Verarbeitendes Gewerbe (Durchschnitt)	16%	12%

Quelle: BMWi (2019b, S. 23).

Bei den IoT-Plattformen zeigt sich, dass Maschinenbau und Chemieindustrie bereits 2018 zu den Top-Branchen gehörten, in denen IoT-Plattformen eingesetzt wurden. Im Maschinenbau wurde 2018 erwartet, dass sich dieser Einsatz bis 2021 nahezu verdoppelt. In der Chemieindustrie wurde 2018 ein Zuwachs bis 2021 um gut die Hälfte erwartet. Im Vergleich dazu lag der Einsatz von IoT-Plattformen im Bereich der Nahrungsindustrie bei nur neun Prozent, aber auch hier wurde 2018 eine Zuwachsrate um knapp 50 Prozent bis 2021 erwartet.

Insbesondere Industrieunternehmen, deren Leistungen und Produkte auf die vier zentralen Leitmärkte der deutschen Industrie ausgerichtet sind, Energie- und Ressourceneffizienz, Mobilität und Logistik, Klimaschutz und Umwelt sowie Gesundheit, besitzen das Potenzial durch digitale Plattformen auch in Zukunft dynamisch zu wachsen. Demografie, Klimawandel und technologische Trends werden auch in Zukunft zu einer dynami-

44 Anteil der Unternehmen, die 2018 B2B-Plattformen nutzten.

45 Anteil der Unternehmen, welche die Nutzung von B2B-Plattformen bis 2021 planen.

schen Entwicklung der Nachfrage in diesen Leitmärkten sorgen. Profitieren werden hierbei vor allem der Maschinenbau, der Kraftwagenbau, die Elektroindustrie und die Chemische Industrie (vgl. Prognos, 2016, S. 8).

Neben den Branchen wirkt sich auch die Unternehmensgröße auf die Entwicklung von B2B-Plattformen aus. In Deutschland etablieren insbesondere die großen Unternehmen B2B-Plattformen. Die 50 umsatzstärksten Unternehmen in Deutschland machten fast die Hälfte aller Plattformen mit einem Eigentümer aus. Kleinere Unternehmen sind hier weniger aktiv. Kleinere Unternehmen waren auch weniger geneigt, Plattformpartnerschaften mit anderen Firmen einzugehen (vgl. BMWi, 2019c, S. 4). Insbesondere im Hinblick auf die industrielle Stärke Nordrhein-Westfalens ergeben sich weitreichende Möglichkeiten, die B2B-Plattformökonomie im industriellen Bereich aktiv mitzugestalten.[46]

4.2.1.2 Dienstleistungssektor

Der Dienstleistungssektor gewinnt auch im traditionellen Industrieland Nordrhein-Westfalen mehr und mehr an Bedeutung. Der Dienstleistungssektor ist sehr heterogen; zu ihm zählen unter anderem (Teile der) Gesundheitswirtschaft, Logistik, Handel, Tourismus, Beratungs- und Entwicklungsunternehmen, der Informations- und Kommunikationssektor sowie Teile des Handwerks und der Künste (vgl. Landesregierung Nordrhein-Westfalen, 2016, S. 21).

Abbildung 4 stellt die Beschäftigungsanteile einzelner Wirtschaftszweige im Dienstleistungssektor dar. Dabei ist der Anteil der industrieorientierten Dienstleistungen aggregiert dargestellt. Die Beschäftigungsanteile innerhalb des industrieorientierten Dienstleistungssektors werden gesondert in Abbildung 5 gezeigt.

46 Vgl. https://bdi.eu/artikel/news/digitale-b2b-plattformen-made-in-germany-keine-monopolbildung-in-sicht/, abgerufen am: 28. Oktober 2020.

Abbildung 4: Anteile der Beschäftigung einzelner Wirtschaftszweige im Dienstleistungssektor

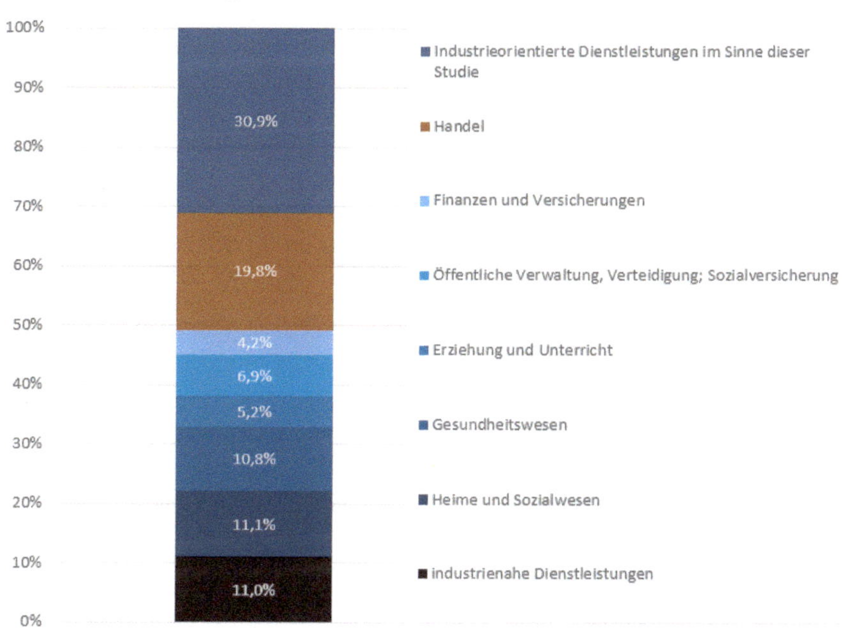

Quelle: Koch et al. (2019, S. 29).

Neben den industrieorientierten Dienstleistungen nehmen im Dienstleistungssektor insbesondere der Handel mit einem Beschäftigungsanteil von knapp 20 Prozent und das Gesundheitswesen mit knapp elf Prozent eine bedeutende Rolle ein. Als industriestarkes Bundesland ist in Nordrhein-Westfalen die Verbindung zwischen Industrie und produktbegleitenden Dienstleistungen von zentraler Bedeutung. Industrieorientierte Dienstleistungen sind Dienstleistungen, die in enger Verzahnung mit der industriellen Produktion stehen. Durch das immer stärkere Zusammenwachsen von sekundärem und tertiärem Sektor nimmt die Bedeutung einzelner Produkte mehr und mehr ab. Verkauft werden ganze Systemleistungen, bei denen hochentwickelte technologische Produkte mit komplementären Dienstleistungen angeboten werden.[47] Beispiele für solche Dienstleistungen sind Wartung und Inspektion, Datenverarbeitung oder technische Beratung

47 Hierbei können Pre-Sales-Services und After-Sales-Services unterschieden werden. Erstere umfassen Dienstleistungen vor dem Kauf, wie beispielsweise Beratung

und Planung. Unternehmensnahe Dienstleister wie Beratungsunternehmen, Ingenieurbüros oder EDV- sowie F&E-Dienstleister tragen dabei viel zur Innovation und Wertschöpfung von Industrieunternehmen bei. Die Stärke der Industrie in Nordrhein-Westfalen beruht zu einem wesentlichen Teil auf der Stärke dieser industrienahen Dienstleistungsfirmen.[48] Industrieorientierte Dienstleistungen stellen mit etwa 30 Prozent der Beschäftigten den größten Anteil des Dienstleistungssektors in Nordrhein-Westfalen dar, mit weiter steigender Tendenz (vgl. Koch et al., 2019, S. 29).

Abbildung 5: Anteile einzelner Wirtschaftszweige im Bereich der industrieorientierten Dienstleistungen an der Beschäftigung 2018

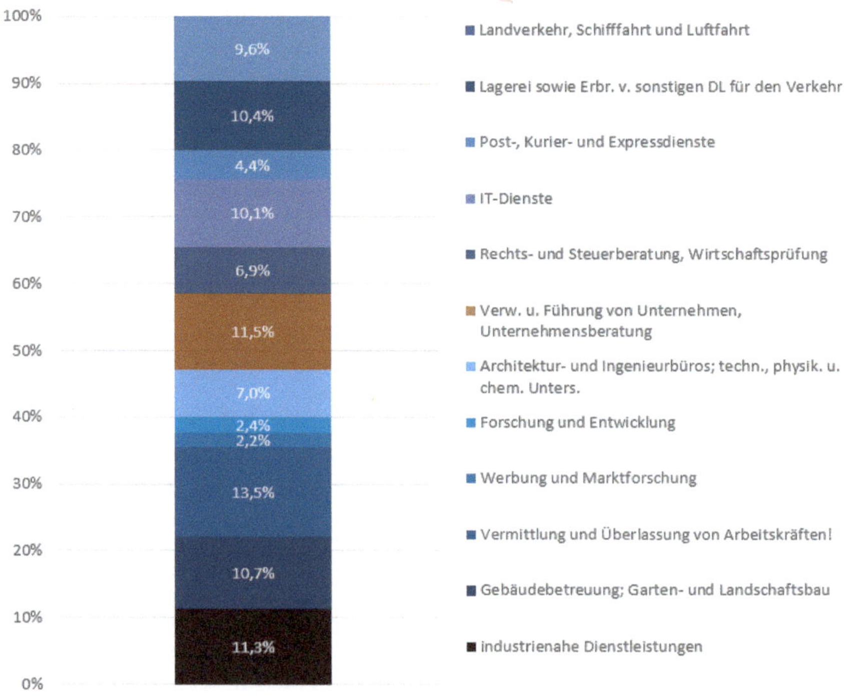

Quelle: Koch et al. (2019, S. 30).

---

oder Planungsleistungen. Letztere umfassen Dienstleistungen nach dem Kauf eines Produktes, wie beispielsweise Wartung und Instandhaltung eines Produktes.

48 Vgl. https://www.nrwinvest.com/de/standort-nrw/das-spricht-fuer-nrw/deutschlands-industrielle-kernregion/, abgerufen am: 30. September 2020.

Im Rahmen der industrieorientierten Dienstleistungen ist die Logistik im weiteren Sinne[49] mit einem Anteil von rund 25 Prozent Beschäftigungsanteil die stärkste Branche. Daneben nehmen IT-Dienste, Unternehmensberatung, Arbeitsvermittlung sowie die Gebäudebetreuung/Garten- und Landschaftsbau eine wichtige Rolle ein.

4.2.2 Evaluierung des Potenzials von B2B-Plattformen in Nordrhein-Westfalen im Verarbeitenden Gewerbe anhand ausgewählter Branchen

Eine wesentliche Stütze der Volkswirtschaft in Nordrhein-Westfalen ist die Industrieproduktion mit einem vielfältigen Mix aus KMU und Großkonzernen in Kombination mit einer starken Exportwirtschaft in Deutschland. Die industrielle Produktion zeichnet sich durch ein hohes Maß an individualisierten Produkten, Beratungsintensität und einer wertschöpfungsintensiven Leistungserstellung aus. Vor- und nachgelagerten Dienstleistungen kommt in einem derartigen Umfeld zentrale Bedeutung zu. Die industrielle Produktion in Nordrhein-Westfalen eröffnet damit insgesamt erhebliches Potenzial für die Entwicklung digitaler Dienstleistungen und für die Generierung von Effizienzgewinnen durch die digitale Vernetzung von Unternehmen.

Eine abschließende und vollständige Evaluierung des Potenzials von B2B-Plattformen sämtlicher Industriebranchen ist aufgrund der Dynamik, der technologische Entwicklungen unterliegen, nahezu unmöglich und würde den Rahmen der vorliegenden Untersuchung sprengen. Im Folgenden werden deshalb beispielhaft Branchen genauer betrachtet, die im Rahmen einer Analyse relevanter Wettbewerbsfaktoren, wie beispielsweise Standortfaktoren, Nachfragebedingungen, Cluster oder Marktstruktur hohes Potenzial für B2B-Plattformen in Nordrhein-Westfalen versprechen. Ebenso können mögliche B2B-Plattform-Geschäftsmodelle in den einzelnen Branchen nur beispielhaft skizziert werden.

49 Landverkehr, Schifffahrt und Luftfahrt, Lagerei sowie Erbringung von sonstigen Dienstleistungen für den Verkehr, Post-, Kurier- und Expressdienste.

4.2.2.1 Chemische Industrie

Nordrhein-Westfalen ist seit jeher ein wichtiger Standort der Chemischen Industrie in Deutschland. Mit nahezu 500 Unternehmen[50] ist die Industrielandschaft in Nordrhein-Westfalen durch ein hohes Aufkommen von Chemieunternehmen auf engem Raum geprägt. Gemessen an Umsatz und Beschäftigung macht Nordrhein-Westfalen knapp ein Drittel des Bundesgebietes aus.[51] Im Bereich der Chemischen Industrie profitiert Nordrhein-Westfalen vom Sitz vieler namhafter, weltbekannter Unternehmen, darunter auch DAX-Konzerne, wie beispielsweise die Bayer AG in Leverkusen, die Henkel AG und Co. KGaA in Düsseldorf oder Evonik Industries AG in Essen. Neben diesen Branchenriesen sind eine Vielzahl KMU im Bereich der Chemischen Industrie in Nordrhein-Westfalen beheimatet. Zudem zeichnet sich der Chemiestandort Nordrhein-Westfalen durch eine erstklassige Forschung aus. Dieses Netzwerk aus international erfolgreichen Großunternehmen, breitem Mittelstand und Forschung in einer global operierenden Industrie bietet sehr gute Voraussetzung für die Entwicklung von B2B-Plattformen. Insbesondere für die Initiierung von B2B-Plattformen kann das Vorhandensein eines Clusters von Unternehmen und wichtigen Akteuren einer Branche von Vorteil sein, da durch die Teilnahme dieser Akteure an einer B2B-Plattform schnell Vertrauen und eine kritische Masse an Nutzern erreicht werden kann. Insbesondere die Teilnahme namhafter, weltbekannter Unternehmen an einer B2B-Plattform kann bei anderen potenziellen Plattformnutzern das nötige Vertrauen schaffen, ebenfalls an der B2B-Plattform teilzunehmen. Die große Anzahl an KMU stellt zudem eine breite Basis an potenziellen Plattformnutzern, die insbesondere in der Anfangsphase der Marktpositionierung hilfreich sein kann, wenn es darum geht, schnell eine kritische Masse an Nutzern zu etablieren.

Die Chemische Industrie bietet auch strukturell optimale Voraussetzungen für die Entstehung von B2B-Plattformen. Unternehmen der Chemischen Industrie haben eine wichtige Bedeutung für viele industrielle Wertschöpfungsketten, da sie für viele Branchen zentrale Materiallieferanten sind und deshalb eng mit diesen Industriebranchen verknüpft sind. Wie bereits erwähnt, besitzen B2B-Plattformen insbesondere in komplexen und

---

50 Vgl. https://www.it.nrw/statistik/wirtschaft-und-umwelt/industrie/chemische-industrie, abgerufen am: 16. September 2020.

51 Vgl. https://www.nrwinvest.com/de/branchen-in-nrw/chemische-industrie/, abgerufen am: 16. September 2020.

ineinander übergreifenden Wertschöpfungsketten erhebliches Effizienzpotenzial. In ihrer Rolle als Materiallieferant wird die Chemische Industrie als Innovationstreiber für die ihr verbundenen Wertschöpfungsketten angesehen, da Neuentwicklungen in der Chemie Innovationen in verbundenen Wertschöpfungsketten anstoßen.[52] Gleichzeitig ist die Branche durch eine hohe internationale Wettbewerbsintensität gekennzeichnet, was ein wichtiger Treiber für Innovationen ist, beispielsweise durch B2B-Plattformmodelle. Hinzu kommt, dass der Markt für Chemikalien in Europa hochgradig fragmentiert ist mit einer Vielzahl kleiner, häufig lokal tätiger Unternehmen. Aus dieser Fragmentierung resultiert eine hohe Intransparenz auf Angebotsseite, welche erhebliches Potenzial für digitale Vertriebswege über B2B-Plattformmodelle eröffnet (vgl. Koenen und Falck, 2020, S. 27).

Marktplätze

B2B-Marktplätze besitzen insbesondere in fragmentierten Branchen mit wiederkehrenden Einkaufsprozessen erhebliches Effizienzpotenzial, da das Matching verbessert wird. Verkäufer können von einer erhöhten Reichweite profitieren; gerade für KMU kann sich durch digitale Marktplätze eine internationale Reichweite eröffnen.[53] Zudem stellen Marktplätze standardisierte Einkaufs- und Verkaufsprozesse bereit, was wiederum zu geringeren Prozesskosten im Einkauf und im Vertrieb führt. Käufer profitieren von einem strukturierten Angebotsüberblick sowie von der Bereitstellung wichtiger Produktdaten, Spezifikationen oder Verfügbarkeit (vgl. Koenen und Falck, 2020, S. 27).

Im Bereich der Marktplätze herrscht im industriellen Bereich auf dem deutschen und europäischen Markt intensiver Wettbewerb zwischen deutschen und internationalen Anbietern (vgl. ebenda, S. 42). In der Chemischen Industrie haben sich mit CheMondis und PINPOOLS bereits zwei deutsche B2B-Plattformen erfolgreich am Markt etabliert. Insbesondere

52 Vgl. https://www.vci.de/nrw/branche/chemie-in-nrw/listenseite.jsp, abgerufen am: 16. September 2020.

53 Für KMU, die ihre Waren traditionell regional oder national abgesetzt haben, können sich Umsatz und Gewinn durch die Nutzung eines Online-Marktplatzes erheblich erhöhen. Es ist stark davon auszugehen, dass der Zusatznutzen aus den indirekten Netzeffekten hier die möglichen Nutzenverluste aus negativen direkten Netzeffekten überwiegt.

bei Nischenprodukten wurde von Experten noch Potenzial für B2B-Marktplätze in der Chemischen Industrie gesehen (vgl. ebenda, S. 42).

Logistik- und Supply-Chain-Plattformen

Logistik-Plattformen bieten sich typischerweise in allen Zulieferbranchen an (vgl. hierzu noch genauer Kapitel 4.2.3.1). Durch die Bedeutung der Chemischen Industrie für eine Vielzahl industrieller Wertschöpfungsketten besteht hier auch großes Potenzial für Anwendungen zum Logistik- und Supply-Chain-Management. Logistik- und Supply-Chain-Plattformen ermöglichen ein intelligentes Supply-Chain-Management und tragen damit zu einer Erhöhung der Wertschöpfung bei.

Durch Track & Trace-Lösungen beispielsweise, die in Echtzeit für alle Beteiligten der gesamten Lieferkette anzeigen, wo sich eine Ware gerade befindet, werden die durchgängige Information zum Belieferungsstatus eines Materials sichergestellt und frühzeitige Information bei Abweichungen angegeben, wodurch die Materialdisposition optimiert wird. Hierdurch können insbesondere in Zulieferbranchen und komplexen Wertschöpfungsketten erhebliche Effizienzpotenziale realisiert werden. Weitere Vorteile zeigen sich in einem reduzierten Recherche- und Überwachungsaufwand sowie der Reduzierung von Sonderfahrten und Sicherheitsbeständen. Vor allem Lieferanten stehen häufig vor dem Problem, dass es auf Seiten der Unternehmen zu kurzfristen Anpassungen der Bedarfsvorhersagen kommt. Starke Bedarfsschwankungen können Lieferanten vor große Herausforderungen stellen, da Materialbeschaffung, Produktion und Arbeitsschichten gemäß Bedarfsvorhersagen geplant wurden. Auch hier können Lieferanten von B2B-Plattformlösungen profitieren, die eine verbesserte Planungssicherheit gewährleisten. SupplyOn[54] beispielsweise bietet eine solche B2B-Plattform. Basierend auf dem maschinellen Lernen werden Nachfrageprozesse, wie Forecast, Lieferabrufe und Bestellungen eines Kunden in der Vergangenheit analysiert und daraus Prognosen für die Zukunft abgeleitet. Mit einer verbesserten Planungssicherheit gehen für Lieferanten zahlreiche Vorteile in Bezug auf Materialbestellung, Lagerhaltung, Produktionsplanung etc. einher. In der Logistik sind in der Chemischen Industrie beispielsweise auch Nischenlösungen denkbar, beispielsweise für den Transport von Gefahrgütern.

54 Vgl. https://www.supplyon.com/de/blog/zuverlaessige-planung-trotz-hoher-bedarfsschwankungen-erreichen/, abgerufen am: 17. September 2020.

B2B-Plattformen im Bereich der Energieversorgung

Die Chemische Industrie weist unter allen Industriebranchen den höchsten Energiebedarf auf. Digitalisierte Wertschöpfungsketten bieten auch Potenziale im Bereich Ressourcenproduktivität und -effizienz. Vernetzte Maschinen sind beispielsweise in der Lage, Produktionsabläufe so zu gestalten, dass der Stromverbrauch reduziert wird. So können etwa bei kurzfristig stark gestiegenen Strompreisen, die in Echtzeit übermittelt werden, stromintensive Fertigungsschritte zeitweise verschoben werden (vgl. Falck et al. 2015, S. 17).

In Nordrhein-Westfalen bieten sich durch das enge Netzwerk aus international erfolgreichen Großunternehmen, breitem Mittelstand und Forschung optimale Bedingungen, die B2B-Plattformökonomie im Bereich der Chemischen Industrie aktiv mitzugestalten.

4.2.2.2 Maschinenbau

Deutschland ist der weltweit drittgrößte Maschinenproduzent. Der Maschinenbau zählt zu den innovationsstärksten Industriebranchen in Deutschland und ist maßgeblich für Innovationen im Bereich Industrie 4.0, Umweltschutz, Energieeffizienz und Elektromobilität. Der Maschinenbau in Deutschland weist eine typische mittelständische Struktur auf.[55] Im Bereich Maschinenbau ist Nordrhein-Westfalen ein bedeutender Standort in Deutschland: Über 1.500 nordrhein-westfälische Betriebe erwirtschaften knapp ein Fünftel des gesamten Umsatzes der Branche in Deutschland.[56]

Wie die Analyse in Kapitel 4.2.1.1 gezeigt hat, werden B2B-Plattformen eine immer größere Rolle im Bereich des Maschinebaus einnehmen. Bislang wird der digitale Wandel im Maschinenbau vor allem in der Produktion erfolgreich vorangetrieben, die sich bereits heute durch einen hohen Automatisierungsgrad auszeichnet.[57] Die übergreifende Vernetzung und Optimierung von Anlagen ist jedoch noch vergleichsweise wenig ausge-

55 Vgl. https://www.bmwi.de/Redaktion/DE/Artikel/Branchenfokus/Industrie/branchenfokus-maschinen-und-anlagenbau.html, abgerufen am: 21. September 2020.

56 Vgl. https://www.nrwinvest.com/de/branchen-in-nrw/maschinenbau/, abgerufen am: 21. September 2020.

57 Vgl. https://www.vdma.org/v2viewer/-/v2article/render/22743546, abgerufen am: 21. September 2020.

prägt (vgl. Prognos, 2016, S. 72). Im IIoT-Segment ist ein intensiver internationaler Wettbewerb zu beobachten, in dem deutsche Plattformen laut unabhängigen Branchenstudien eine weltweit führende Rolle spielen (vgl. Koenen und Falck, 2020, S. 42).

Intensiver Wettbewerb in der Branche und Digitalisierungsdruck, insbesondere im Hinblick auf eine fortschreitende Prozessvernetzung sowie auf eine stärkere Digitalisierung zum Kunden bzw. zum Markt hin, werden auch in Zukunft wichtige Treiber für die Entwicklung von B2B-Plattformen in diesem Bereich sein. Die Wertschöpfung in der Maschinenbauindustrie erfolgt immer stärker durch digitale (Zusatz-)Services. Unternehmen weisen traditionell eine enge Verbindung zu ihren Kunden auf. Verkauft werden heute nicht mehr nur einzelne Maschinen, sondern ganze Systemlösungen[58] und dazugehörige Dienstleistungen, die einen optimalen Einsatz und eine Minimierung von Ausfallzeiten gewährleisten. Der Maschinenbau weist damit einen immer stärker werdenden Dienstleistungscharakter auf. Dieser Dienstleistungscharakter sowie die Innovationsstärke des Maschinebaus eröffnen weitreichende Möglichkeiten für B2B-Plattform-Geschäftsmodelle, insbesondere im Industrial Internet of Things. Ein wichtiger Treiber für die Entstehung von B2B-Plattformen deutscher Maschinenbauer ist ihre starke Rolle in der Exportwirtschaft und als Technikführer weltweit. Aufgrund dieser Eigenschaften haben deutsche Maschinenbauer die Chance, die B2B-Plattformökonomie aktiv mitzugestalten und eine zentrale Rolle in ihrer Entstehung zu spielen. Insbesondere von KMU wird diese Entwicklung jedoch häufig auch kritisch bewertet (vgl. VDMA, 2018, S. 5).

Der deutsche Maschinen- und Anlagenbau ist geprägt durch eine starke Branchenheterogenität und eine Unternehmenslandschaft mit einer Vielfalt an Geschäftstypen und Segmentspezifika. Aus diesem Grund können die Anforderungen an B2B-Plattformen zwischen Unternehmen sehr unterschiedlich sein, was grundsätzlich Wettbewerb zwischen verschiedenen erfolgreichen B2B-Plattformmodellen beflügeln kann.[59] Im Bereich Ma-

---

58 Durch die Automatisierung von Prozessen gewinnen maßgeschneiderte Lösungen mehr und mehr an Bedeutung, die meist nicht alle aus einer Hand angeboten werden.

59 So sind beispielsweise Komponentenhersteller von Originalteilen und innerhalb der Original Equipment Manufacturer (OEM) Einzelfertiger, Serienfertiger und Großanlagenbauer zu unterscheiden. Komponentenhersteller haben typischerweise einen heterogenen Abnehmerkreis und bieten oft komplexe Produktportfolios an, was wiederum branchenübergreifende B2B-Plattformen interessant

schinen- und Anlagenbau sind insbesondere zwei Kategorien von Plattformen relevant (vgl. ebenda, S. 5).

Marktplätze für industrielle Güter und Services

Im Maschinenbau werden physische, hochwertige und hochkomplexe Investitionsgüter hergestellt. Investitionsgüter werden typischerweise nicht über Marktplätze vertrieben. Marktplätze können im Bereich Maschinenbau jedoch insbesondere für den Einkauf von C-Teilen[60] vorteilhaft sein und Mehrwert schaffen, indem Prozesskosten durch ein effizientes Beschaffungsmanagement gesenkt, Bestände reduziert und Bestellprozesse digitalisiert und vereinfacht werden. Im Maschinenbau sind C-Teile Komponenten mit einer relativ untergeordneten Bedeutung für das Endprodukt (beispielsweise Schrauben oder Muttern). Zwar ist das Einkaufsvolumen dieser C-Teile sehr gering, jedoch ist der Beschaffungsaufwand im Vergleich zum Beschaffungswert sehr hoch. Gerade in konjunkturstarken Zeiten mit hohen Bedarfen sind Nachbestellungen sowie die Koordination dieser Artikel für produzierende Industrieunternehmen mit einem erheblichen Organisationsaufwand verbunden.[61] Da die Beschaffung von C-Teilen durch wiederkehrende Einkäufe charakterisiert ist, lassen sich durch die Automatisierung der Bestellprozesse erhebliche Effizienzpotenziale erzielen.

---

macht, die international für ihr gesamtes Produktspektrum nutzbar sind. Einzelfertiger sind in der Regel auf individuelle Produkte spezialisiert, was tendenziell individualisierte Services über eine B2B-Plattform, einfache Prozessanpassungen auf der B2B-Plattform sowie eine schnelle Integrierbarkeit neuer Produkte erfordert. Serienfertiger profitieren hingegen von einer standardisierten Nutzbarkeit der B2B-Plattform mit vielfältigen Servicemöglichkeiten und der Integrierbarkeit unterschiedlicher Prozesse und Wertschöpfungsschritte über die Plattform. Großanlagenbauer profitieren von einer leichten Integrierbarkeit von Subunternehmern und die Nutzbarkeit für unterschiedlichste Projekte.

60 Im Einkauf werden die zu beschaffenden Waren und Produkte gemäß A-B-C-Aufteilung nach Wertigkeit und Wichtigkeit klassifiziert. A-Teile zeichnen sich dabei dadurch aus, dass sie einen relativ hohen Wertanteil (ca. 70 bis 80 Prozent) und einen geringen Mengenanteil (ca. zehn bis 20 Prozent) haben. B-Teile haben einen Wertanteil von ca. zehn bis 25 Prozent und einen Mengenanteil von zehn bis 40 Prozent. C-Teile haben einen relativ niedrigen Wertanteil (nur ca. fünf bis zehn Prozent), aber einen hohen Mengenanteil (ca. 50 bis 70 Prozent).

61 Vgl. https://www.wuerth-industrie.com/web/de/wuerthindustrie/cteile_management/start_cteilemanagement/was_sind_cteile/cteileeigenschaften.php, abgerufen am: 22. September 2020.

Industrial Internet of Things-Plattformen (IIoT-Plattformen)

IIoT-Plattformen liefern die digitale Infrastruktur für die Vernetzung von Maschinen und Anlagen und eröffnen damit die Möglichkeit, digitale Services mit Skaleneffekten zu nutzen. Über IIoT-Plattformen können die Nutzer zudem eigene als auch fremde Services nutzen, diese auf Marktplätzen anbieten und daraus neue Möglichkeiten zur Kundenbindung oder ganz neue Geschäftsmodelle entwickeln (vgl. VDMA, 2018, S. 5). Industrieunternehmen profitieren von verbesserten Leistungen und Kostenersparnissen, beispielsweise durch eine Reduzierung von Wartungsleistungen im Rahmen von Predictive Maintenance.

Logistik- und Supply-Chain-Plattformen

Als eine der exportintensiven Industriebranchen des Landes bietet der Anlagen- und Maschinenbau auch erhebliches Potenzial für Logistik- und Supply-Chain-Plattformen.

Das Aufeinandertreffen von Branchenheterogenität, Unternehmensvielfalt und wichtigen Weltmarktführern im Bereich des Maschinenbaus in Nordrhein-Westfalen bietet insgesamt sehr gute Voraussetzungen zur Entwicklung von B2B-Plattformen in den einzelnen Bereichen.

4.2.2.3 Stahl- und Metallindustrie und -verarbeitung

Für den Industriestandort Nordrhein-Westfalen spielt die Stahlindustrie eine sehr bedeutende Rolle. Die stahl- und metallverarbeitende Industrie ist in Deutschland durch über 5.000 überwiegend familiengeführte Unternehmen mit rund 500.000 Beschäftigten geprägt, wovon fast die Hälfte der Betriebe der Branche in Nordrhein-Westfalen ansässig ist.[62] Die Stahl- und Metallindustrie zählt zu den exportstärksten Branchen des Verarbeitenden Gewerbes in Deutschland und ist ein wichtiger Vorleistungslieferant. Zentral und grundlegend für wirtschaftlichen Erfolg ist eine enge Zusammenarbeit mit den stahlverarbeitenden Branchen wie der Automobilindustrie, dem Maschinen- und Anlagenbau, der Stahl- und Metallverarbeitung, der

62 Vgl. FN. 33.

Elektrotechnik und dem Bauhauptgewerbe.[63] Aufgrund ihres Vernetzungsgrades zu diesen Branchen hat die Stahl- und Metallindustrie eine besondere Bedeutung für viele Wertschöpfungsnetze und ist eng in diese eingebunden. Zudem ist die Stahl- und Metallindustrie als wissensintensive Branche ausschlaggebend für Innovationen in nachgelagerten Branchen (vgl. Kempermann, Millack und Lang, 2017, S. 26).

Die digitale Transformation in der Stahl- und Metallindustrie und -verarbeitung ist im vollen Gange, und Produktionsprozesse sind bereits relativ weit digitalisiert. Auch hier ist Nachholbedarf insbesondere bei KMU zu attestieren (vgl. Kempermann, Millack und Lang, 2017, S. 26). Effizienzpotenziale sind mit Blick auf eine gesteigerte Innovationsfähigkeit, ein erweitertes Produktportfolio, optimierte Wertschöpfungsprozesse oder die Entstehung neuer Produkte und Dienstleistungen zu erkennen. Insbesondere Einkaufs- und Absatzprozesse sind in der Metallindustrie jedoch häufig ineffizient sowie zeit- und kostenintensiv. Für nachgelagerte Branchen sind die optimale Beschaffung und Verwertung von Rohstoffen jedoch zentral für deren Erfolg. Fehlende Materialien erzwingen einen kostenverursachenden Produktionsstopp, weshalb die benötigten Materialen vielfach in Überhand bestellt werden. Gleichzeitig beeinträchtigen Restbestände und Überhänge das Betriebsergebnis und die Umwelt. Insbesondere bei KMU verlaufen Bestellvorgänge und die Suche nach passendem Material für die Ver- oder Weiterverarbeitung sowie der Verkauf von überschüssigem Material auf dem fragmentierten Markt weitgehend manuell per Telefon über bereits bestehende Partner. Aufgrund festgelegter Parameter besteht häufig nur wenig Flexibilität bei den Preisverhandlungen mit diesen. Neue Geschäftspartner müssen hinsichtlich Bonität und Handlungsfähigkeit zeitaufwendig geprüft werden. Die Zusendung der notwendigen Dokumente, wie beispielsweise Zertifikate per Fax oder Mail und deren manuelle Begutachtung kosten aufgrund einer geringen Markttransparenz und einem komplexen Preisvergleich Zeit und Geld. Zudem birgt die manuelle Dokumentation Fehler auf administrativer Seite.[64] B2B-Plattformen können hier erheblich dazu beitragen, diese Ineffizienzen zu reduzieren.

63 Vgl. https://www.wirtschaft.nrw/stahl-und-metalle, abgerufen am: 7. September 2020.

64 Vgl. https://industrieanzeiger.industrie.de/management/wie-die-industrie-von-b2b-plattformen-profitiert/, abgerufen am: 28. September 2020.

Marktplätze

Marktplätze für den Handel von Metallen besitzen erhebliches Optimierungspotenzial für die ineffizienten Einkaufs- und Verkaufsprozesse in der Branche. Insbesondere bei Materialien, deren Lagerung hohe Kosten verursacht, können Marktplätze Prozesskosten durch ein effizientes Beschaffungsmanagement senken, Bestände reduzieren und Bestellprozesse digitalisieren und vereinfachen. Zuverlässige durch B2B-Plattformen ermöglichte Verifizierungsverfahren können bereits bei der Registrierung die sichere Überprüfung der Identität und Bonität der Plattformnutzer gewährleisten. Durch die Bereitstellung weiterer notwendiger Informationen zu potenziellen Geschäftspartnern erleichtern die Plattformen die üblicherweise zeitaufwändige Geschäftsanbahnung mit neuen Kunden und verringern so die Such- und Transaktionskosten. Über den Marktplatz wird eine Vielzahl von Anbietern gebündelt in einem digitalen Ökosystem sichtbar und sorgt dafür, dass schnell das beste Angebot gefunden wird. Gleichzeitig erhöhen Marktplätze die Reichweite für das eigene Angebot. Sowohl für Lieferanten als auch für Verbraucher verringert sich im Vergleich zum Betrieb eines eigenen Onlineshops die Anzahl der Schnittstellen auf nur eine einzige. Dabei profitieren die Nutzer von einem deutlich geringeren IT-Aufwand. Technische Kenntnisse sind kaum erforderlich, da die Anbindung ans Warenwirtschaftssystem der Lieferanten von der Plattform übernommen wird. Verbraucher müssen sich dann lediglich auf dem Marktplatz registrieren und verifizieren. Zusatzleistungen wie die Möglichkeit, den Verkauf beispielsweise nicht über Sofortkauf, sondern über Ausschreibungen zu organisieren, schaffen zusätzliche Vorteile für Verkäufer. Zudem können die Zahlungsabwicklung oder weiteren Dienstleistungen, wie etwa Transportleistungen, über die Plattform organisiert werden.[65]

Logistik- und Supply-Chain-Plattformen

In der Stahl- und Metallverarbeitung können auch die bereits oben dargestellten Anwendungen zum Logistik- und Supply-Chain-Management ein intelligentes Supply-Chain-Management ermöglichen und damit zu einer Erhöhung der Wertschöpfung beitragen. Mit Blick auf die typischerweise

---

65 Vgl. https://industrieanzeiger.industrie.de/management/wie-die-industrie-von-b2b-plattformen-profitiert/, abgerufen am: 28. September 2020.

hohen Lagerkosten von Stahl und Metallen kommt der Optimierung der Materialdisposition eine hohe Bedeutung zu.

Plattformen im Bereich Energieversorgung

Die Metallindustrie gehört zu den größten Energieverbrauchern im Verarbeitenden Gewerbe. Wie bereits skizziert, bieten digitalisierte Wertschöpfungsketten auch Potenziale im Bereich Ressourcenproduktivität und -effizienz. B2B-Plattformmodelle im Bereich der Energieversorgung können demnach auch in der Metallindustrie Effizienzvorteile bringen.

Die starke Stahl- und Metallindustrie und -verarbeitung bietet mit Blick auf ihre besondere Rolle als Vorleistungslieferant vielfältige Chancen für Nordrhein-Westfalen auch in verbundenen Branchen eine wichtige Vorreiterrolle in der B2B-Plattformökonomie einzunehmen.

4.2.2.4 Möbelindustrie

Nordrhein-Westfalen zeichnet sich durch ein dichtes Netzwerk an Unternehmen der Möbelindustrie, vorgelagerter Zulieferbranchen, nachgelagerter Handelsorganisationen und begleitender Dienstleistungsunternehmen aus. Mehr als ein Drittel der gesamten deutschen Möbelproduktion findet in Nordrhein-Westfalen statt. Hinzu kommt eine regional ausgeprägte Bildungs- und Forschungslandschaft mit 13 Hochschulen. Nordrhein-Westfalen kann Produktivitätsvorsprünge in nahezu allen Möbelsegmenten vorweisen. In Ostwestfalen-Lippe werden beispielsweise fast zwei Drittel der bundesweiten Umsätze in der Küchenmöbelindustrie erwirtschaftet. Insgesamt ist die Region der Küchenproduzent Nr. 1 in Deutschland.[66]

Die Möbelindustrie leidet durch erheblichen Konkurrenzdruck, insbesondere durch ausländische Billigkonkurrenz. Zudem sind die Hersteller einem intensiven Preisdruck infolge einer starken Verhandlungsmacht des Handels ausgesetzt. In der Möbelbranche stehen die heterogen strukturierten Hersteller einer stark konzentrierten Abnehmerstruktur gegenüber. So sind die zehn größten Möbelhändler für knapp 50 Prozent des gesamten Handelsumsatzes verantwortlich. Dreiviertel aller in Deutschland produzierten Möbel werden über den in Einkaufsverbänden organisierten Fachhandel vertrieben. Die sich daraus ergebende vorteilhafte Verhandlungspo-

66 Vgl. FN. 37.

sition der Möbelhändler führt zu einem erheblichen Preisdruck in der Möbelindustrie (vgl. Kiel und Henke, 2018, S. 12). B2B-Plattform-Geschäftsmodelle können hier einen entscheidenden Beitrag leisten, steigendem Preis- und Wettbewerbsdruck der Branche entgegenzutreten.

Marktplätze

Großes Absatzwachstumspotenzial wird in der Möbelbranche für Online-Marktplätze gesehen. Die Prognosen für den Onlinehandel sind geprägt durch eine deutliche Wachstumsdynamik, mit jährlichen Wachstumsschüben von nahezu 18 Prozent (vgl. ebenda, S. 17). Chancen für Wachstum in der Möbelindustrie werden von Branchenexperten insbesondere im Hinblick auf die Marktausweitung bestehender Exportmärkte, die Erschließung neuer Märkte und Kooperationen im Vertrieb gesehen (vgl. ebenda, S. 61). Insbesondere außerhalb Europas verfügen die meisten Hersteller nicht über eigene Vertriebsstrukturen. Im Bereich der Möbelindustrie bietet Digitalisierung insbesondere im Vertrieb und im Kundenmanagement Vorteile. Durch Online-Marktplätze kann internationale Reichweite generiert werden. Vorteile ergeben sich hier insbesondere für Möbel im Hochpreissegment, die typischerweise differenzierter und weniger Wettbewerbsdruck ausgesetzt sind. Insbesondere in einer Industrie, die einem starken Wettbewerbs- und Preisdruck ausgesetzt ist, können B2B-Plattformen zur Erschließung neuer Märkte sowie zur Differenzierung und verbesserter Kundenbindung beitragen.

Logistik-Plattformen

Mit Blick auf die typischerweise hohen Lagerkosten in der Holz- und Möbelindustrie kommt der Materialdisposition eine wichtige Bedeutung zu. Damit ist anzunehmen, dass die bereits diskutierten Anwendungen zum Logistik- und Supply-Chain-Management auch in dieser Branche Effizienzvorteile generieren können. Wie aus den Experteninterviews hervorgegangen ist, bestehen im Bereich Logistik Potenziale mit Blick auf Nischenplattformen, beispielsweise für Holztransporte.

4.2.3 Evaluierung des Potenzials von B2B-Plattformen in Nordrhein-Westfalen im Dienstleistungsgewerbe anhand ausgewählter Branchen

4.2.3.1 Logistik

Deutschland ist 2018 von der Weltbank zum wiederholten Male zum „Logistikweltmeister“ ernannt worden. Insbesondere Nordrhein-Westfalen konnte dazu beitragen, diesen Titel zu gewinnen. Nordrhein-Westfalen ist nicht nur führender Logistikstandort in Deutschland, sondern auch international anerkannter Logistikstandort.[67] Neben der zentralen europäischen Lage profitiert Nordrhein-Westfalen von einer einzigartigen Verkehrsinfrastruktur, die optimale Verkehrswege zu Land, See oder auf der Schiene und internationale Anbindungen offeriert, beispielsweise zu den wichtigsten Frachtflughäfen oder zu den großen europäischen Seehäfen. Gemessen an der Zahl der Beschäftigten macht die Logistikbranche den größten Bereich der industrienahen Dienstleistungen in Nordrhein-Westfalen aus (vgl. Abbildung 5). Fünf der TOP25-Unternehmen im Bereich Logistik haben ihren Hauptsitz in Nordrhein-Westfalen (Deutsche Post AG, Schenker Aktiengesellschaft, HAVI Logistics GmbH, Rhenus Logistics SE & Co. KG, arvato Logistics, Corporate Real Estate & Transport GmbH). Dieses Bild wird komplementiert durch eine Vielzahl von KMU. Ein Viertel aller Logistikzentren in Deutschland stehen in Nordrhein-Westfalen. Insbesondere Lagerei und sonstige Dienstleistungen für den Verkehr, Post-, Kurier- und Expressdienst sowie der Landverkehr sind besonders stark (vgl. Landesregierung Nordrhein-Westfalen, 2016, S. 132). Im Bereich Logistik profitiert Nordrhein-Westfalen zudem davon, Standort vieler bedeutender Forschungseinrichtungen und Lehrstühle für Logistik zu sein.[68] Die Logistikbranche zählt zu den führenden Wachstumsbran-

67 So können fast 150 Millionen Verbraucher im Radius von rund 500 Kilometern mit einer LKW-Tagesentfernung erreicht werden und damit rund ein Drittel der EU-Bevölkerung. Mehr als 18 Millionen Menschen leben zwischen Rhein und Weser. Dabei liefern die Infrastruktur in Nordrhein-Westfalen, das dichte Netz an Autobahnen, Eisenbahnlinien und Wasserstraßen einen großen Standortvorteil.

68 In Nordrhein-Westfalen gibt es insgesamt 45 Logistik-Studiengänge, unter anderem für Technische Logistik, Digitale Logistik, Handels- oder Produktionslogistik. Fünf Hochschulen aus Nordrhein-Westfalen konnten beim bundesweiten Logistik-Hochschul-Ranking 2017, das 160 Hochschulen umfasste, erste Plätze belegen. Zudem ist das Fraunhofer Institut für Materialfluss und Logistik IML in

chen in Nordrhein-Westfalen. Als global vernetzter Industriestandort fällt rund ein Drittel der Wertschöpfung in Deutschland auf Industrie und Logistik.[69] Herausforderungen stellen für die Branche insbesondere die wachsenden Anforderungen an umweltgerechtes, nachhaltiges Wirtschaften und Klimaschutz bei zunehmendem internationalem Wettbewerb und Preisdruck dar (Landesregierung Nordrhein-Westfalen, 2016, S. 134).

Logistikprozesse sind sehr komplex. Permanent müssen Ladungen und Kapazitäten unter der Bedingung gematcht werden, dass kurzfristige Änderungen beispielsweise aufgrund von Auftragsstornierungen oder Fahrzeugausfällen eintreten können. Diese Komplexität steigt mit der Größe der Flotte. Zudem sind Logistikprozesse durch kleinteilige Anbieter- und Nachfragestrukturen sowie ein wiederkehrendes Geschäft charakterisiert. Aus struktureller Sicht bieten Logistikprozesse damit optimale Voraussetzungen für B2B-Plattformen. Hinzu kommt, dass Logistikprozesse gut standardisiert und somit gut algorithmierbar sind. Der steigende Wettbewerbsdruck in der Branche erfordert ständige Optimierung bei Auslastung und Qualität – ein Erfordernis, das durch entscheidungsbasierte intelligente Systeme und B2B-Plattformen optimal gelöst werden kann.

Marktplätze für Logistik-Dienstleistungen

Durch eine intelligente Vernetzung von Logistikdienstleistern und Frachtdisponenten führen Logistik-Plattformen zu einer effizienten Planung von Logistikdiensten und damit zu einer Verringerung von Leerkilometern und Frachtkosten. Bewerkstelligt wird dies durch sogenannte Frachtbörsen, auf der Logistikdienstleister ihre Kapazitäten öffentlich ausschreiben. Damit können Anschlussladungen sichergestellt und Leerkilometer vermieden werden. Zudem erhalten Logistikdienstleister Informationen über den Bedarf an Transportkapazitäten. Tools wie Bewertungsmechanismen oder die Eingrenzung von Frachtauktionen nur für bestimmte Dienstleister gewährleisten Sicherheit und Qualität. Digitale und in Echtzeit übertra-

---

Dortmund das weltweit größte und angesehenste Forschungsinstitut für logistische Fragen (vgl. hierzu https://www.wirtschaft.nrw/logistik#:~:text=Das%20Fraunhofer%20Institut%20f%C3%BCr%20Materialfluss,das%20%E2%80%9EInternet%20der%20Dinge%E2%80%9C).

69 Vgl. https://www.produktion.de/trends-innovationen/wie-logistik-von-kuenstlicher-intelligenz-profitiert-121.html, abgerufen am: 23. September 2020.

gene Daten reduzieren Prozesskosten in der Disposition, beispielsweise durch die digitale Abwicklung und Disponierung der Aufträge.

Durch das Vernetzen von logistischen Prozessen werden Zuliefer- und Versandketten transparenter, Transportketten weniger anfällig und damit das gesamte Supply-Chain-Management optimiert. Zudem sind Kostensenkungen beispielsweise durch Zeitersparnis, geringere Fehler- und Ausfallanfälligkeit oder Optimierungen der Lagerfläche zu erwarten. Mit dem Unternehmen TIMOCOM mit Sitz in Erkrath, Nordrhein-Westfalen hat sich ein deutsches Unternehmen erfolgreich auf dem europäischen Markt etabliert. Im Bereich von Frachtbörsen für Logistik-Dienstleistungen existieren heute mehrere erfolgreiche B2B-Plattformen im Wettbewerb. Logistik-Dienstleister betreiben vielfach sogenanntes „*Multihoming*“, d. h. sie nutzen gleichzeitig verschiedene Frachtbörsen, um Ladungen und Kapazitäten optimal zu nutzen. Aus diesem Grund ist auch in Zukunft zu erwarten, dass verschiedene Frachtbörsen erfolgreich im Wettbewerb nebeneinander existieren werden. Insbesondere in Nischenbereichen sind laut Expertenaussagen weitere Effizienzgewinne zu erwarten – beispielsweise bei Sondertransporten. Im Bereich Logistik sind für KMU auch Effizienzvorteile durch regionale B2B-Plattformmodelle denkbar. So gibt es beispielsweise im Ruhrgebiet viele kleine und mittelständische Logistikunternehmen, die durch einen Zusammenschluss auf einer B2B-Plattform ihre Auslastung verbessern könnten. Die Auslastungsoptimierung via B2B-Plattform kann z. B. über Fixkostendegression die Logistikunternehmen in die Lage versetzen, ihre Preise für ihre Logistikdienstleistungen zu senken und so wettbewerbsfähiger zu werden.

Logistik-Transaktions-Plattformen

Nach Expertenaussagen ist vor allem die Abwicklung von Logistikprozessen wenig digitalisiert und Aufträge werden vielfach noch papierbasiert vorgenommen. Logistik-Plattformen für die Abwicklung von Gütertransporten können hier erheblich zu einer Steigerung von Effizienz und Transparenz beitragen und Zeit- sowie Kosteneinsparungen in der globalen Beschaffung und Distribution erbringen.

Informationen, Statusmeldungen sowie Fracht- und andere Begleitpapiere können im gesamten Transportprozess über B2B-Plattformen elektronisch schnell und sicher ausgetauscht werden. Papierdokumente werden durch PDFs oder Daten ersetzt. Über Statusrückmeldungen kann der Verlauf von Sendungen weltweit in Echtzeit überwacht werden und Fehler durch die manuelle Eingabe von Daten werden vermieden. Die gespeicherten Daten ermöglichen zudem umfangreiche Auswertungen über Verspätungen, Fehlleistungen sowie anschließende Optimierungen, wodurch sich erhebliche Effizienzen im Hinblick auf Qualitätsmanagement und Dienstleistungsqualität ergeben. B2B-Plattformen in diesem Bereich lassen sich relativ einfach mit Hilfe von Schnittstellen in bestehende IT-Systeme integrieren und bieten Unternehmen damit die Möglichkeit der B2B-Plattformnutzung, ohne hohe Investitionen zu tätigen.[70,71]

Insgesamt bieten sich auch im Bereich Logistik für Nordrhein-Westfalen durch den starken Logistik-Standort vielfältige Möglichkeiten die B2B-Plattformökonomie mitzugestalten.

4.2.3.2 Gesundheitswesen

Die Gesundheitswirtschaft ist eine Leitbranche der Wirtschaft in Nordrhein-Westfalen. Sowohl gemessen am Umsatz als auch gemessen an der Anzahl an Arbeitsplätzen ist die Gesundheitswirtschaft die größte Branche mit hohem Wachstumspotenzial. Die Bruttowertschöpfung entspricht rund zwölf Prozent der Gesamtwirtschaft von Nordrhein-Westfalen und ca. ein Sechstel aller Erwerbstätigen arbeiten in dieser Branche. Dabei macht neben dem industriellen Teil der Dienstleistungsbereich einen wichtigen Teil der Gesundheitswirtschaft aus. Die Gesundheitswirtschaft profitiert in Nordrhein-Westfalen davon, dass medizinische Versorgung eng verknüpft ist mit industriellen Teilbranchen wie Medizintechnik, pharmazeutischer Industrie und Biotech-Unternehmen, die weltweit eine Spitzenstellung einnehmen. Wichtiger Erfolgsfaktor ist dabei die enge Kooperation von Unternehmen und Forschung, die als Innovationsmotor

---

70 Vgl. https://www.logistik-express.com/smarte-logistikplattform/, abgerufen am: 28. Oktober 2020.

71 In diesem Zusammenhang bietet auch die Blockchain-Technologie Möglichkeiten zur Effizienzsteigerung, indem sie eine erhöhte Transparenz, Automatisierung, Vollständigkeit und Standardisierung der Informationsflüsse gewährleistet (vgl. Stahlbock, Heilig und Voss, 2018, S. 1186). Da alle Prozesse digital jederzeit einsehbar sind, kann vor allem die Distributionslogistik effizienter gestaltet werden. Außerdem sorgt die asymmetrische Verschlüsselung für höchste Sicherheit, da die Daten auf allen Servern gespeichert sind und verhindert wird, dass sie an Dritte gelangen. Dadurch wird die Dokumentation der Prozesse erheblich verbessert. In der Logistik können erhebliche Effizienzsteigerungen realisiert werden, wenn zu jedem Zeitpunkt einsehbar ist, wann sich eine Ware wo befindet (vgl. Adam, 2020, S. 7 ff.).

moderner Gesundheitsversorgung fungiert.[72] Neben Medizintechnik, Pharmaindustrie und Bio- und Gentechnologie sind wichtige Bestandteile der Gesundheitswirtschaft in Nordrhein-Westfalen, die Gesundheitshandwerke, der Groß- und Facheinzelhandel mit medizinischen und orthopädischen Produkten, die Gesundheits-IT sowie weitere Vorleistungs- und Zulieferbereiche.[73]

Im Bereich Gesundheitswirtschaft ist eine enge Vernetzung von Akteuren entlang der Wertschöpfungskette entscheidend, um Innovationspotenziale zu identifizieren und Stärken weiterzuentwickeln.[74] Die starke Fragmentierung der Sektoren innerhalb der Branche bietet grundsätzlich gute Bedingungen, durch B2B-Plattform-Geschäftsmodelle Effizienzsteigerungen zu generieren. Hohe Markteintrittsbarrieren und Regulierung machen den Zugang zum Gesundheitsmarkt für innovative Start-ups jedoch schwierig. Mitunter aus diesem Grund wird die Digitalisierung im Gesundheitswesen in Deutschland als unzureichend erachtet (vgl. BMWi, 2017, S. 2). Dabei können digitale Gesundheitsangebote auf Basis von B2B-Plattformen im Gesundheitswesen auf vielfältige Weise die Versorgungsqualität erhöhen und durch Effizienzsteigerungen und Nachfragesenkungen Versorgungskosten senken. Aufgrund der Dynamik und des rasanten Wachstums bietet das Gesundheitswesen erhebliches Potenzial für innovative B2B-Geschäftsmodelle.

Datentransaktions-Plattformen

Ein reibungsloser Datenaustausch zwischen einzelnen Sektoren über B2B-Plattformen erhöht die Effizienz von Behandlungsprozessen, beispielsweise im Rahmen von Notfällen oder durch die Abstimmung von sektorübergreifenden Therapien. Doppeluntersuchungen und die Erhebung bereits erfasster Daten stellen im Gesundheitswesen nicht die Ausnahme, sondern die Regel dar. B2B-Plattformen, durch welche die Kommunikation bzw. der Daten- und/oder der Informationsaustausch zwischen Leistungserbrin-

---

72 In Nordrhein-Westfalen ermöglichen sieben Universitätskliniken und zahlreiche weitere staatliche und private Forschungseinrichtungen nicht nur eine hervorragende Forschung, sondern auch Hochleistungsmedizin in der Krankenversorgung und eine moderne Ausbildung in Gesundheits- und Pflegeberufen.

73 Vgl. https://www.wirtschaft.nrw/gesundheitswirtschaft, abgerufen am: 7. November 2020.

74 Vgl. https://www.wirtschaft.nrw/gesundheitswirtschaft, abgerufen am: 7. November 2020.

gern erleichtert/gefördert wird, können hier erheblichen Mehrwert bringen, indem Doppeluntersuchungen vermieden, Krankenhauseinweisungen verhindert und Folgebehandlungen durch eine verbesserte Behandlungsqualität minimiert werden (vgl. McKinsey, 2018, S. 5). Bereits heute existieren entsprechende Ansätze beispielsweise im Bereich von elektronischen Gesundheitsakten. Diese innovativen Ansätze zielen darauf ab, einen zentralen Zugriff auf Patientendaten zu ermöglichen und durch eine allumfassende Vernetzung zwischen Patienten, Leistungserbringern und Herstellern eine bessere Zusammenarbeit zu gewährleisten, Doppeluntersuchungen zu vermeiden und Behandlungskosten zu senken.[75] In vielen Nachbarländern, beispielsweise in den Niederlanden, Dänemark oder dem Vereinigten Königreich, sind elektronische Patientenakten längst Realität.[76]

KI-Plattformen

Im Rahmen von KI können beispielsweise IT-gestützte Diagnoseverfahren künftig eine wichtige Rolle einnehmen, sogenannte „*Decision Support Systeme*". Dabei sollen Computer, die mit medizinischen Datenbanken verbunden sind und diese in Sekundenschnelle auswerten können, Ärzte dabei unterstützen, Krankheitsbilder schneller oder präziser zu erkennen und geeignete Therapien vorzuschlagen.[77] In der Medizintechnik wird in diesem Zusammenhang die Vernetzung von Geräten und damit einhergehend die genaue Dokumentation von Leistungsdaten der Geräte sowie Daten über Befunde eine zunehmende Rolle spielen. Zudem können mithilfe von KI-Daten Behandlungserfolge und Krankheitsverläufe nutzbar gemacht werden. Ein Beispiel liefert die von Brainlab entwickelte erste Digitalplattform für die Chirurgie, Snke OS.[78]

---

75 Vgl. https://www.krankenkassen.de/gesetzliche-krankenkassen/leistungen-gesetzliche-krankenkassen/vorsorge-beim-arzt/check-up-35/service-beratung/gesundheitsakte/, abgerufen am: 7. Oktober 2020.

76 Vgl. https://ec.europa.eu/commission/presscorner/detail/de/IP_14_302, abgerufen am: 8. Oktober 2020.

77 Vgl. https://geistreich78.info/mixed/digitale-technologien-veraendern-medizin-und-gesundheitswirtschaft, abgerufen am: 8. Oktober 2020.

78 Vgl. https://e-health-com.de/details-news/snke-os-neue-b2b-plattform-treibt-die-digitalisierung-der-chirurgie-voran/, abgerufen am: 7. Oktober 2020.

Telemedizin-Plattformen

Telemedizin-Plattformen erlauben Diagnostik und Therapie unter Überbrückung einer räumlichen oder auch zeitlichen Distanz zwischen Arzt, Therapeut, Apotheker und Patienten oder zwischen zwei sich konsultierenden Ärzten mittels moderner IT-Technologie. Teleberatungen können insbesondere auch im B2C-Bereich Vorteile erbringen, insbesondere bei der Patientenversorgung in ländlichen Räumen, jedoch ist bei Behandlungen häufig auch ein Austausch zwischen Medizinern und anderen Spezialisten erforderlich, beispielsweise bei der Unterstützung von Operationen. Neben dem B2C-Bereich können Telematik-Lösungen demnach auch im B2B-Bereich erhebliche Mehrwerte schaffen. Auch wenn die Anwendung von Telematik-Lösungen heute europaweit noch sehr begrenzt ist[79], gilt die Telemedizin schon heute als neuer Megatrend in der Gesundheitswirtschaft.

Marktplätze

Dem Einkauf von medizinischem Material kommt in Krankenhäusern eine wichtige Rolle zu. Herausforderungen ergeben sich dabei insbesondere dadurch, dass die Versorgungssicherheit bei einem zunehmenden Kostendruck gewährleistet werden muss. Dabei muss Liefersicherheit über die gesamte Supply-Chain abgesichert sein, um Versorgungssicherheit gewährleisten zu können. B2B-Marktplätze können hier durch die Intensivierung des Wettbewerbs auf Anbieterseite oder der Standardisierung von Abläufen erhebliches Kostensenkungspotenzial generieren. Neben Mercateo, einer der größten Beschaffungsplattformen für Geschäftskunden, gibt es heute noch weitere kleinere Beschaffungsplattformen im Gesundheitswesen. Im Kontext von Marktplätzen sind im Medizinbereich auch Marktplätze für die Notfallbeschaffung denkbar, die insbesondere in Krisenzeiten zu Effizienzsteigerungen führen können. Ein Beispiel bietet die Beschaffungsplattform Scoutbee, die zwischen März und April 2020 im Zuge der Corona-Pandemie eine derartige Notfall-Beschaffungsplattform angeboten hat.

Der internationale Markt für Digital Health ist heute noch relativ klein und bietet damit insgesamt gute Chancen, eine Vorreiterrolle einzuneh-

79 Vgl. https://ec.europa.eu/commission/presscorner/detail/de/IP_14_302, abgerufen am: 8. Oktober 2020.

men. Auch Deutschland hinkt mit der Digitalisierung in vielen Bereichen des Gesundheitswesens hinterher. Der Markt wächst rasant und ist ein beliebtes Investitionsobjekt (vgl. Angerer et al., 2017, S. 1). Insbesondere Pharmaunternehmen und Medizintechnik-Unternehmen wird dabei eine zunehmend bedeutende Rolle zugeschrieben. Pharmaunternehmen werden künftig nicht mehr nur reine Medikamentenhersteller sein, sondern weitere Produkte und Dienstleistungen anbieten.[80]

Nur durch ein Zusammenspiel von Politik, High-Tech-Innovatoren, Krankenversicherungen, Pharmaunternehmen und den Krankenhäusern wird es Deutschland gelingen, ein innovatives Gesundheitssystem aufzubauen. Dabei bietet Nordrhein-Westfalen insgesamt gute Voraussetzungen, eine Vorreiterrolle einzunehmen, da Nordrhein-Westfalen Standort vieler wichtiger Unternehmen entlang der gesamten Kette des Gesundheitswesens ist. Wichtige Player in der Branche können zum einen wichtige Partner in entstehenden digitalen Versorgungsketten werden oder sich selbst zum Orchestrator etablieren.

4.2.3.3 Handel

Nordrhein-Westfalen ist bundesweit ein bedeutender Standort für den Handel. In Nordrhein-Westfalen sind zwölf der 40 umsatzstärksten Handelsunternehmen Deutschlands beheimatet. Mehr als zehn Prozent aller Erwerbstätigen arbeiten in Nordrhein-Westfalen im Einzelhandel. Mit über 75.000 Unternehmen hat mehr als jedes fünfte Einzelhandelsunternehmen in Deutschland seinen Sitz in Nordrhein-Westfalen.

30 Prozent der umsatzstärksten Händler sind in Nordrhein-Westfalen beheimatet. Besonders stark sind im Bereich Handel der Lebensmitteleinzelhandel und der Bereich der Kauf- und Warenhäuser.[81] Im Zuge der zunehmenden Digitalisierung hat sich der E-Commerce zum Wachstumstreiber für die ganze Branche entwickelt. Insbesondere im Einzelhandel wird im stationären Bereich mehr und mehr auf Multi-Channel Konzepte (neben stationärem Handel auch Onlinehandel) gesetzt. Darüber hinaus entstehen reine Online-Geschäftsmodelle. Die Eignung und das Effizienzpotenzial von Online-Marktplätzen für Ein- und Verkäufer ist insbesondere für den Handel offensichtlich. Insgesamt ist der Vertrieb über B2B-Marktplätze

80 Vgl. https://geistreich78.info/mixed/digitale-technologien-veraendern-medizin-und-gesundheitswirtschaft, abgerufen am: 8. Oktober 2020.

81 Vgl. https://www.wirtschaft.nrw/handel, abgerufen am: 8. September 2020.

durch ein erhebliches Wachstum gekennzeichnet.[82] Der Markt für den B2B-E-Commerce ist eines der größten Segmente der deutschen Internetwirtschaft mit einer hohen Wachstumserwartung in den nächsten Jahren.[83]

Marktplätze

Im Handel entstehen insbesondere branchenspezifische Marktplätze. Die B2B-Plattform CPGmarket.com ist beispielsweise eine elektronische Handelsplattform für die Konsumgüterindustrie und wurde von den Unternehmen Danone, Henkel, Nestlé und SAP gegründet. Die Plattform ist nicht nur als reine Handelsplattform ausgerichtet, sondern stellt zusätzlich Analyse- und Entscheidungswerkzeuge wie Lieferantensuche, eAuction-Funktionen und Support-Tools bereit, wodurch die Identifikation und die Auswahl als auch die Verhandlungen mit Lieferanten (eSourcing) erleichtert werden. Zudem bietet die Plattform Lösungen zum Austausch von Dokumenten, zum Bestandsmanagement und zur Nachschubplanung, zur automatisierten Auftragsverwaltung und zum Benchmarking an (vgl. Zimmerlich, David und Veddern, 2005, S. 16). Durch die automatisierte Abwicklung von Bestellungen und Verkäufen können Lieferkosten erheblich gesenkt und Beschaffungskosten im Konsumgütersektor optimiert werden.[84]

Mit NEXTRADE, dem digitalen B2B-Marktplatz der nmedia GmbH mit Sitz in Düsseldorf, hat sich beispielsweise ein erfolgreicher B2B-Marktplatz für Lieferanten und Einkäufer im Home & Living Bereich etabliert. Einkäufer profitieren bei NEXTRADE davon, dass sie digital ein System nutzen können, in dem Bestellungen zu jeder Tages- und Nachtzeit möglich sind. Neuheiten, Aktionen und Verfügbarkeiten über alle Lieferanten können mit wenigen Klicks abgerufen werden. Entsprechende Bilder und Daten stehen für die WWS[85] und Internet-Shops zur Verfügung und können

82 Vgl. https://www.springerprofessional.de/handel/vertriebskanaele/b2b-vertrieb-auf-handelsplattformen-waechst/17763730, abgerufen am: 28. Oktober 2020.

83 Vgl. https://www.ibusiness.de/aktuell/db/337104SUR.html, abgerufen am: 28. Oktober 2020.

84 Vgl. https://www.presseportal.de/pm/9537/127382, abgerufen am: 28. Oktober 2020.

85 „Warenwirtschaftssystem (WWS) ist die informationstechnische Abbildung der Warenprozesse und die zielorientierte Verarbeitung aller warenbegleitenden Da-

über das EDI Clearing-Center[86] der nmedia im gewünschten Format direkt in die Systeme eingespielt werden. Für Lieferanten bietet sich der Vorteil, dass er 24 Stunden bei seinen Handelspartnern präsent ist. Mit Bildern und Informationen über die Marken und Produkte von Lieferanten wird die Effizienz im eigenen Vertrieb signifikant unterstützt. Lieferanten haben dabei innerhalb von NEXTRADE einen eigenen Shop und können damit selbst entscheiden, wer Zugriff auf seinen Shop hat. Insbesondere im Hinblick auf branchenspezifische Marktplätze wird von Experten noch erhebliches Potenzial für B2B-Marktplätze gesehen.

Omnichannel-Plattformen

Ein weiterer Trend ist die Erweiterung des sogenannten „*Omnichannel*", durch den der stationäre Handel als Teil einer B2B-Plattform integriert wird. So können stationäre Einzelhändler ihr Sortiment, das sie ohnehin vorhalten, über den Markenshop des Herstellers auch online vertreiben. Für Kunden ergibt sich der Vorteil, dass sie auf ein besonders großes Sortiment zurückgreifen können. Gleichzeitig können Plattformen das Problem der Anbindung an verschiedene Kassensysteme lösen.

EDI-Lösungen bei der Beschaffung

Im Rahmen der Beschaffung besitzen sogenannte Electronic-Data-Interchange-Plattformen (EDI-Plattformen) erhebliches Potenzial zur Effizienzsteigerung. EDI-Plattformen verbinden die Beschaffungsvorgänge zwischen den verschiedenen Enterprise-Resource-Planning-Lösungen von Kunden und Lieferanten ohne Medienbruch. Ineffizienzen im Einkauf sind im Wesentlichen auf ineffiziente Kommunikationswege zwischen den Unternehmen zurückzuführen, da Bestellungen sowie Auftragsbestätigungen mittels Fax und Mail manuell bearbeitet und in die Enterprise-Resource-Planning -Systeme eingegeben werden. EDI-Plattformen schaffen hier Mehrwert, indem eingehende Auftragsbestätigungen, Lieferavise und Rechnungen mit der ausgehenden Bestellung automatisch verglichen wer-

---

ten." https://wirtschaftslexikon.gabler.de/definition/warenwirtschaftssystem-wws-49748, abgerufen am: 20. November 2020.

86 Electronic Data Interchange (EDI) Clearing-Center dient der Abwicklung des elektronischen Datenaustausches mit Vorlieferanten und Kunden.

den und ohne Abweichungen direkt in das Enterprise Resource Planning-System gebucht werden. Bei relevanten Abweichungen erhält der Einkäufer automatisch eine entsprechende E-Mail und muss dann über das weitere Vorgehen entscheiden. Bei Ablehnung des Auftrags wird der Lieferant automatisch per E-Mail benachrichtigt. Die akzeptierte Auftragsbestätigung des Lieferanten wird direkt an das eigene System weitergeleitet. Fehler bei der Übertragung vom Lieferanten zum Kunden sind dadurch nahezu ausgeschlossen.

4.2.3.4 Entsorgungsbranche

Als dicht besiedeltes und bevölkerungsreichstes Bundesland mit hoher Industriedichte bietet Nordrhein-Westfalen an sich schon optimale Bedingungen für die Entsorgungsbranche, da sich Skaleneffekte und Dichtevorteile besser realisieren lassen als in weniger dicht besiedelten Regionen. In der Abfall- und Entsorgungsbranche bietet sich auch für B2B-Plattformen erhebliches Potenzial, insbesondere auch mit Blick auf den Wettbewerbs- und Kostendruck in der Branche. Die Abfall- und Entsorgungswirtschaft ist durch mangelnde Kommunikationsstandards, einen hohen Zeitaufwand für administrative Tätigkeiten und große Informationsasymmetrien charakterisiert – Defizite, die durch B2B-Plattformen erheblich abgebaut werden können. Die mangelnde Vernetzung zwischen den Akteuren der Wertschöpfungskette wird als eines der Hauptprobleme der Branche und einer funktionierenden Kreislaufwirtschaft identifiziert.[87] Dabei führt eine ideale Vernetzung der Wertschöpfungsstufen im Handel mit Sekundärrohstoffen zu mehr Ressourceneffizienz. Zudem können B2B-Plattformen ein effizientes Management sowie die effiziente Durchführung aller notwendigen Schritte rund um die Entsorgung ermöglichen – von der Erstellung elektronischer Rechnungen über die papierlose Auftragsdurchführung bis hin zu Aufgaben im Rahmen des Kundenmanagements – und damit Zeit- und Kosteneinsparungen realisieren. Über die B2B-Plattform empto beispielsweise werden insgesamt 16 verschiedene Abfallfraktionen samt Erfüllung der gesetzlichen Dokumentationspflicht gemäß Gewerbeabfallverordnung entsorgt. Gewerbetreibende müssen hierfür in kurzen Worten die Leistung beschreiben, die sie benötigen. Daraufhin erhalten sie Angebote von mehreren Entsorgern, aus denen sie schließlich den passenden aus-

87 Vgl. https://cps-hub-nrw.de/blog/2018-04-13-platform-economy, abgerufen am: 2. November 2020.

wählen. Die potenziellen Geschäftspartner sind für beide Seiten sichtbar. Die Entsorger untereinander sehen sich jedoch gegenseitig nicht.

Der sich in der Abfall- und Entsorgungswirtschaft derzeit vollziehende Generationenwechsel erhöht insgesamt die Erfolgsaussichten von B2B-Plattformen. Darüber hinaus sind B2B-Plattformen nach Aussagen der Experten eine zentrale Voraussetzung für die Umsetzung der Kreislaufwirtschaft. Nordrhein-Westfalen besitzt insgesamt durch die relativ enge Ballung von Unternehmen und Entsorgern weitreichende Möglichkeiten zur Etablierung von B2B-Plattformen im Bereich der Entsorgung.

4.2.3.5 Informations- und Kommunikationstechnologien

Informations- und Kommunikationstechnologien (IKT) sind für die deutsche Wirtschaft von großer Bedeutung, da sie die digitale Transformation der gesamten Wirtschaft vorantreiben. Nordrhein-Westfalen nimmt in diesem Bereich bundesweit eine Sonderstellung ein, da kein anderes deutsches Bundesland eine so hohe Dichte an IKT-Firmen aufweist. Die Unternehmenslandschaft ist dabei geprägt durch eine Vielfalt an mittelständischen IT-Unternehmen, Software-Start-ups bis hin zu Telekommunikationskonzernen. In 2017 haben die ca. 24.300 IKT-Unternehmen mit insgesamt 228.200 Beschäftigten einen Umsatz von rund 106 Milliarden Euro erwirtschaftet, was rund einem Siebtel der Wirtschaftsleistung von Nordrhein-Westfalen entsprach.[88] Dabei ist insbesondere die Telekommunikationsbranche in Nordrhein-Westfalen stark, was auf die Beheimatung vieler Telekommunikations-Unternehmen in Nordrhein-Westfalen zurückzuführen ist (z. B. Deutsche Telekom, Vodafone D2, E-Plus). Auch im Bereich IKT kann Nordrhein-Westfalen von seiner Schnittstelle zu traditionellen Industrien profitieren, um dort den digitalen Wandel erfolgreich mitgestalten zu können.[89]

Nachdem in diesem Kapitel beispielhaft für einzelne wichtige Branchen in Nordrhein-Westfalen gezeigt wurde, welches Potenzial B2B-Plattformen bergen können, werden im Folgenden mögliche Vorteile der Ansiedlung von B2B-Plattformen in NRW diskutiert.

---

88 Vgl. https://www.nrwinvest.com/de/branchen-in-nrw/informations-kommunikationstechnologien/, abgerufen am: 8. September 2020.

89 Vgl. https://www.wirtschaft.nrw/informations-und-kommunikationsbranche-ikt-nrw, abgerufen am: 8. September 2020.

4.3 Mögliche Vorteile der Ansiedlung von B2B-Plattformen in NRW

Mit Gründungsaktivitäten und Unternehmensneuansiedlungen gehen fast immer positive Effekte für die regionale Wirtschaft einher, weil Arbeitsplätze entstehen und sich Multiplikatoreffekte ergeben und gegebenenfalls weitere Gründungen motiviert werden. Im Hinblick auf die B2B-Plattformökonomie stellt sich die Frage, inwieweit die Ansiedlung von (Vorreiter-)B2B-Plattformen in einer bestimmten Region zu verstärkten Gründungs- und Entwicklungsaktivitäten weiterer B2B-Plattformen führt, ob man also davon ausgehen kann, dass sich ein Cluster an B2B-Plattformen bildet.

Wie in Kapitel 4.2.1. dargelegt, wird unter einem Cluster im Kern ein Netzwerk von Unternehmen eines Wirtschaftszweiges innerhalb einer bestimmten Region verstanden. Die Clusterakteure stehen im Wettbewerb zueinander oder sind durch Zulieferbeziehungen miteinander verbunden. Neben Unternehmen können auch Institutionen wie Hochschulen, Forschungseinrichtungen, Kammern und Verbände zu den Clusterakteuren gehören. Die Entstehung von Clustern kann durch verschiedene Faktoren begünstigt werden. Dazu gehören z. B. die geographische Lage oder das Vorhandensein natürlicher Ressourcen. So begünstigte etwa in Hamburg die Nähe zur Küste die Herausbildung des Logistik- und Handelsclusters. Im Ruhrgebiet waren es die natürlichen Ressourcen in Form von Kohlevorräten, welche die Verhüttung von Stahl in großem Maßstab ermöglichten. In wiederum noch anderen Fällen war es der Verdienst von Erfindern, die sich mit ihrer Idee selbständig machten und deren Unternehmen zum Ausgangspunkt eines Clusters wurden. Exemplarisch dafür kann das Automobilcluster im Raum Stuttgart gesehen werden, deren Ausgangspunkt die Erfindung des Automobils durch Gottlieb Daimler und die Gründung der Daimler AG waren (vgl. Hartmann, 2014, S. 92). Zur Clusterbildung kann es auch kommen, wenn Forschungseinrichtungen in einer Region ansässig sind und aus den Mitarbeitern dieser Ideen entstehen, die sich dann in der Nachbarschaft ansiedeln (beispielsweise im Bereich BioTech, Pharma, Maschinenbau etc.) (vgl. dazu z. B. Saxenian, 1994). Die räumliche Nähe bietet den Clusterakteuren verschiedenste Vorteile. Von besonderer Relevanz sind dabei Agglomerationseffekte, welche die Realisierung von Skaleneffekten und damit Kostenersparnissen in der Produktion begünstigen, und technologische Externalitäten in Form von Wissens-Spillovern hervorrufen (vgl. Hellge, 2019, S. 14-21), welche Innovationen bei den Unternehmen anstoßen bzw. die Adaption von Innovationen fördern.

Die Ausführungen zeigen, dass Clusterbildung vor allem branchen- und technologiespezifische Ursachen hat. Inwieweit im Rahmen der Plattformökonomie eine B2B-spezifische Clusterbildung angenommen werden kann, also eine Clusterbildung in dem Sinne, dass die Gründung von B2B-Plattformen in einer bestimmten Region weitere (branchen-unabhängige) B2B-Plattformen anzieht, ist fraglich. Letztlich ist dies eine Frage der Empirie, die sich in der jetzigen Anfangsphase der Plattformökonomie sicher nicht abschließend beantworten lässt. Jedoch sprechen die folgenden Faktoren gegen eine B2B-spezifische Clusterbildung. Zum einen sind B2B-Plattformen keine Technologien, sondern ein Geschäftsmodell. Zwar basieren B2B-Plattformmodelle auf Technologien, jedoch erfordert die Entwicklung einer B2B-Plattform branchenspezifisches Know-how und IT-Kompetenz. Aus diesem Grund ist es fraglich, inwieweit die Gründung einer B2B-Plattform im Bereich der Chemischen Industrie z. B. in einer bestimmten Region, Spill-over-Effekte für B2B-Plattformen in anderen Branchen wie etwa der Maschinenbaubranche generiert. Dies deckt sich so auch weitgehend mit den Aussagen der Interviewpartner. Zum anderen spielen regionale Faktoren eine immer unbedeutendere Rolle für eine B2B-Plattform im Rahmen ihrer Skalierung. Zwar wurde vereinzelt von Interviewpartnern gesagt, dass die räumliche Nähe zu möglichen Plattformnutzern gerade in der Anfangsphase der Plattformgründung wichtig sei, um schnell eine kritische Masse an Nutzern zu erreichen. Dies kann in diesen Fällen dazu führen, dass sich B2B-Plattformen dort ansiedeln, wo viele Unternehmen der Branche sitzen. Gleichzeitig bietet die Ballung vieler Unternehmen innerhalb einer Region eine gute Voraussetzung zur Entwicklung einer eigenen B2B-Plattform innerhalb der Branche. Spill-over-Effekte auf B2B-Plattformen anderer Branchen sind jedoch aus dem oben genannten Grund nicht anzunehmen. Die Natur digitaler Geschäftsmodelle und von B2B-Plattformen ist, dass sie gerade nicht standortgebunden sind. Dies zeigt sich auch daran, dass der Unternehmenssitz einiger B2B-Plattformen erst nach erfolgreicher Gründung nach Nordrhein-Westfalen verlegt wurde oder auch aus Nordrhein-Westfalen in ein anderes Bundesland.

Durch die Ansiedlung von B2B-Plattformen in Nordrhein-Westfalen können jedoch grundsätzlich positive Effekte auf die in der jeweiligen Branche aktiven Unternehmen ausgehen. Viele Vertreter der B2B-Plattformunternehmen, die interviewt wurden, halten Nordrhein-Westfalen aufgrund seiner Branchen- und Unternehmensstruktur für einen geeigneten Ort für die Markteinführung ihrer B2B-Plattform (vgl. Kapitel 3.2), d. h. diese B2B-Plattformunternehmen versuchen zunächst die Unternehmen in Nordrhein-Westfalen von dem Mehrwert ihrer Plattformen zu überzeugen bzw. sie auf ihre B2B-Plattform zu holen, bevor sie den nationalen und den internationalen Roll-Out wagen. Dies kann den Unternehmen in Nordrhein-Westfalen zu einem frühen Wettbewerbsvorsprung verhelfen und das Wirtschaftswachstum in Nordrhein-Westfalen begünstigen. Ein Indiz hierfür ist die Studie von Bailin et al. (2019). Die Autoren zeigen im Rahmen einer grenzüberschreitenden empirischen Analyse in den Dienstleistungsbranchen (Hotellerie, Gastronomie, Einzelhandel und Taxigewerbe), dass die Plattformnutzung zu einem erheblichen Anstieg der Produktivität bei den Unternehmen geführt hat. Die Untersuchung von Bailin et al. (2019) fokussiert zwar auf B2C-Plattformen. Da jedoch auch B2B-Plattformen dazu beitragen können, z. B. die vertikale Transparenz zu erhöhen, Informationsasymmetrien zu überwinden sowie Such- und Transaktionskosten zu senken, ist zu vermuten, dass auch diese in der Lage sind, die Produktivität der Unternehmen zu erhöhen (weitere Mehrwerte von B2B-Plattformen sind in Kapitel 3.1.1 zu finden). Der Grund für die Produktivitätssteigerung könnte beispielsweise darin liegen, dass daten- und transaktionsbasierte Plattformen Prozessinnovationen in den Unternehmen in Nordrhein-Westfalen schneller anstoßen. Durch Prozessinnovationen kann mit gleichem Faktoreinsatz (Arbeit, Kapital) ein höherer Output erreicht werden; die Produktionskosten sinken. Dadurch können die Unternehmen die Preise für ihre Produkte und Dienstleistungen senken, um einen Wettbewerbsvorteil zu erzielen. Als Reaktion darauf steigt die Nachfrage und die Unternehmen weiten ihre Produktion aus. Es kommt zur Steigerung des Bruttoinlandsproduktes in Nordrhein-Westfalen.

Ein weiterer positiver Effekt könnte daraus resultieren, dass sich B2B-Plattformen in Nordrhein-Westfalen auch einen Teil der Wertschöpfung von Unternehmen aneignen, die in anderen Bundesländern und Staaten beheimatet sind. In diesem Fall haben insbesondere B2B-Plattformen mit einer großen Reichweite das Potenzial, das Wirtschaftswachstum in Nordrhein-Westfalen zu begünstigen.

Inwieweit derartige Effekte tatsächlich zum Tragen kommen ist jedoch eine Frage der Empirie und kann zum jetzigen Zeitpunkt nur als theoretische Möglichkeit identifiziert werden.

5. Handlungsoptionen

Auf Basis der Interviews, der Desk Research-Ergebnisse und gemeinsamen Erörterungen im Rahmen der Treffen mit dem MWIDE werden in diesem Kapitel Optionen für Handlungsmöglichkeiten ausgearbeitet. Insbesondere gilt es die Frage zu beantworten, ob konkrete Maßnahmen ergriffen werden können, um Potenziale zu fördern sowie Hemmnisse abzubauen, die das Entstehen einer B2B-Plattformökonomie in Nordrhein-Westfalen nicht nur ermöglichen, sondern sogar fördern. Politischen Entscheidungsträgern und damit auch den Landesregierungen in Deutschland kann eine wichtige Rolle bei der Erschließung der B2B-Plattformökonomie und der Förderung der Nutzung neuer Geschäftsmodelle zukommen. Politische Maßnahmen können grundsätzlich über Bewusstseinsbildung, Beratung und finanzieller Unterstützung bis hin zu regulatorischen Schritten reichen, die alle zum weiteren Aufbau der Plattformökonomie beitragen können (vgl. Europäische Kommission, 2020, S. 7). Die im Folgenden ausgearbeiteten Handlungsoptionen beziehen sich dabei auf Optionen, welche die Landesregierung mit dem konkreten Ziel ergreifen kann, die Nutzung sowie die Entstehung von B2B-Plattformen in Nordrhein-Westfalen zu forcieren. Dabei werden Maßnahmen, die generell auch für andere Geschäftsmodelle sowie für die Stärkung des Wirtschaftsstandorts Nordrhein-Westfalen insgesamt förderlich sind – wie beispielsweise Finanzierungs- oder Förderungsmaßnahmen, Steuererleichterungen sowie die Schaffung wirtschaftsfreundlicher Rahmenbedingungen – nicht diskutiert. Selbstredend sind Maßnahmen, welche die Wirtschaftstätigkeit insgesamt positiv beeinflussen, auch in Bezug auf die Entstehung von B2B-Plattformen relevant. So ist beispielsweise zu empfehlen, dass die NRW.BANK als wichtige Förderbank in Nordrhein-Westfalen auch spezifisch die B2B-Plattformökonomie adressiert. Gleichzeitig beeinflussen innovationsfreundliche Rahmenbedingungen nicht nur die Entstehung der B2B-Plattformökonomie positiv, sondern sie wirken sich auch positiv auf Unternehmensgründungen und Wachstum in anderen Bereichen aus.

5.1 Kommunikation/Moderation/Bewusstseinsbildung

Wesentliche Gründe, warum die Nutzung von B2B-Plattformen in Deutschland noch beschränkt ist, werden darin gesehen, dass viele Unternehmen nicht die erforderlichen Voraussetzungen in Bezug auf digitalen Reifegrad, Datenmanagement und Datengovernance erfüllen (vgl. IW Köln, 2019, S. 56 oder auch Kapitel 3). Defizite in Bezug auf Datenmanagement und Datengovernance sind dabei insbesondere bei Unternehmen ausgeprägt, die (noch) keine Plattformen nutzen (vgl. IWC, IW und Fraunhofer Institut, 2019). Sofern Unternehmen zögerlich sind, B2B-Plattformen zu nutzen, beschränkt dies auch die Entwicklung und das Wachstum von B2B-Plattformen, da ein Wachstum ohne Nutzer nicht möglich ist.

Wie aus der wissenschaftlichen Literatur und den Expertenbefragungen hervorgeht, sind diese Hemmnisse bei der Nutzung von B2B-Plattformen auf verschiedene Faktoren zurückzuführen. Zum einen ist die B2B-Plattformnutzung mit Investitionen und Kosten verbunden, die gescheut werden. Zum anderen bestehen Bedenken im Hinblick auf Daten- und/oder Rechtssicherheit und Vertrauenswürdigkeit, die häufig eine kritische Einstellung gegenüber der Daten- und/oder Plattformökonomie begründen. Datenschutz, Fragen rund um das Thema Eigentumsrechte und der unklare Nutzen von B2B-Plattform-Geschäftsmodellen werden von Unternehmen, die noch keine B2B-Plattformen nutzen oder betreiben, insgesamt kritischer bewertet als von Unternehmen, die bereits Erfahrungen damit haben (vgl. IW Consult, 2019, S. 57). Wie aus den Experteninterviews hervorgeht, ist das Plattformthema insbesondere bei KMU schwer zu positionieren, da der Plattformökonomie-Gedanke an sich schon nicht sehr verbreitet ist. Gerade Mittelständler verstünden die Abstraktion von ihrem Geschäftsmodell auf ein B2B-Plattform-Geschäftsmodell häufig nicht, weil es sehr komplex ist. Tatsächlich haben KMU in Europa und anderswo Schwierigkeiten, die notwendigen digitalen Fähigkeiten für die Verwaltung des Datenaustauschs auf Plattformebene aufzubringen, und ganz allgemein neigen sie dazu, eine gewisse Zurückhaltung zu zeigen, wenn es darum geht, von einem unternehmensorientierten Ansatz zu einer ökosystemorientierten und gemeinsamen Arbeitsweise überzugehen (vgl. Europäische Kommission, 2020, S. 9).

Die Auswertung der Literatur und die Experteninterviews deuten somit darauf hin, dass es insbesondere bei Nicht-Plattformnutzern und KMU Informations- und Erfahrungsdefizite gibt, die durch gezielte Wirtschaftsförderungsmaßnahmen vermindert werden könnten. Insbesondere die fehlende Kenntnis bzw. die Unsicherheit sowie das Fehlen von Informationen über den konkreten Nutzen und Best Practice-Beispielen rufen diese Unsicherheiten vor (vgl. IW Köln, 2019, S. 57).

Hier kann die Landesregierung zu einem verstärkten Informationsaustausch beitragen, um dieses Bewusstsein im Unternehmen aktiv zu bilden. Gerade im Industriebereich ist es für Unternehmen wichtig, den ökonomischen Wert von Daten und von datengetriebenen Geschäftsmodellen zu erkennen und Daten zu monetarisieren (vgl. BMWi, 2019b, S. 6). Nur wenn dieses Bewusstsein über die Potenziale von B2B-Plattformmodellen vorhanden ist, werden Unternehmen eine offenere Datenpolitik verfolgen, Daten frei austauschen und so die Entwicklung neuer Produkte und Dienstleistungen fördern. Dabei ist es auch wichtig, neben den Chancen auch Risiken und Barrieren zu diskutieren, um Unsicherheiten zu verringern und Widerstände zu überwinden. Nicht nur die Mechanismen der Plattformökonomie müssen aufgezeigt werden, um ein breiteres Verständnis zu erreichen. Auch Effekte und mögliche disruptive Auswirkungen auf bestehende Geschäftsmodelle gilt es darzulegen, optimalerweise anhand von Praxisbeispielen, um einen Wandel der Unternehmenskultur herbeizuführen (vgl. Engels, Plass und Rammig 2017, S. 45).

Auch im Rahmen der vorgenommenen Interviews wurde der Dialog zwischen der Landesregierung und obersten Entscheidungsträgern in Unternehmen oder Verbänden etc. häufig als geeignete Maßnahme genannt, das gegenüber der Plattformökonomie bestehende Informationsdefizit in den Führungsetagen zu verringern. Gerade diese Entscheidungsträger könnten als wichtige Multiplikatoren einer Branche fungieren, die kritische Masse an Teilnehmern zu erreichen, und in Kombination mit Plattformenentwicklern neue B2B-Plattformen zu gründen.

Maßnahmen, um die Kommunikation mit Unternehmen zu verbessern, können zielgerichtete, branchenspezifische Veranstaltungen sein, beispielsweise durch die Organisation von Netzwerkveranstaltungen. Dies ist nach Auffassung der meisten Experten wichtig, um die nötige Aufbruchstimmung zu erzeugen. Dabei kann die Landesregierung als wichtiger Vermittler fungieren, indem Veranstaltungen organisiert werden, bei denen Plattformbetreiber die Möglichkeit bekommen, ihre Lösungen bei potenziellen Plattformnutzern vorzustellen. Branchenverbände oder gegebenenfalls auch die Kammern oder auch eine Kombination aus beiden können als wichtige Kommunikatoren derartiger Veranstaltungen fungieren. Zudem könnten DigitalHubs sogenannte "*Plattform-Scouts*" implementieren, die eine wichtige Informations- und Vermittlungsfunktion im Rahmen solcher Veranstaltungen einnehmen und zur Bewusstseinsschärfung beitragen. Dabei müssen Plattform-Scouts das entsprechende Branchen-Know-how sowie Kenntnisse über vorhandene Technologien und die B2B-Plattformpotenziale in den jeweiligen Branchen aufweisen.[90]

Derartige Veranstaltungen sollten sich dabei nicht nur an Unternehmen richten, die ohnehin an Digitalisierung und Plattformlösungen interessiert sind, sondern insbesondere auch an solche, die diesen Themen kritisch gegenüberstehen. Als wichtig erachteten einige der Befragten auch, solche Veranstaltungen branchenspezifisch auszurichten. Zudem können gezielte Weiterbildungsangebote sowohl auf Management- als auch auf Mitarbeiterebene zu einer Reduzierung des allgemeinen Informationsdefizits zur Plattformökonomie, aber auch ganz spezifisch zur Erhöhung von IT-Kompetenz beitragen (vgl. auch Engels, Plass und Rammig, 2017, S. 46). Hier kann die Landesregierung aktiv einen Beitrag leisten, derartige Angebote bereitzustellen. Mit Blick auf den relativ geringen Digitalisierungsgrad vieler KMU wird ein wichtiger politischer Stellhebel zur Verbesserung der Digitalisierung dieser Unternehmen in der Heranführung der *„Offliner"* an die digitale Welt gesehen (vgl. Bertenrath, 2017, S. 6). Förderprogramme, in denen Unternehmen mit IT- oder Geschäftsmodell-Fachleuten zusammenarbeiten, tragen zu einer offenen Innovationspolitik bei und können dabei helfen, Informationsdefizite in Unternehmen abzubauen und gemeinsame Lösungsansätze zu erarbeiten (vgl. BMWI, 2019b, S. 62). Konkret ist in diesem Zusammenhang auch zu empfehlen, die in dieser Studie erstellte Übersicht an B2B-Plattformen – äquivalent etwa zur BDI Broschüre – weiter fortzuführen und öffentlich zugänglich zu machen. Hierdurch wird die Sichtbarkeit von B2B-Plattform-Geschäftsmodellen insgesamt erhöht.

Wie ein verstärkter Informationsaustausch zwischen Landesregierung und Entscheidungsträgern aussehen und welche Vorteile dieser bringen kann, wird im nächsten Kapitel am Beispiel von Messen konkretisiert.

---

90 Plattform-Scouts wurden von einem Interviewpartner angeregt. Sie können z. B. auch die Aufgabe haben, vorhandene Technologien mit B2B-Plattformpotenzial aufzuspüren und dann Konzerne und Mittelständler dabei zu unterstützen, daraus neue Geschäftsmodelle zu entwickeln. Damit würden sie den Technologietransfer in die Praxis fördern. Solche Plattform-Scouts haben also primär eine Informations- und Vermittlungsfunktion und könnten Unternehmen gerade im mittelständischen Bereich beratend zur Seite stehen.

5.2 Fallbeispiel: Messe

Nordrhein-Westfalen ist ein wichtiger Standort für viele internationale Messen. Aufgrund der internationalen Bedeutung und Bekanntheit vieler Messen verfügen Messegesellschaften in vielen Branchen über ein weltweites Netzwerk an wichtigen Kontakten und Repräsentanten innerhalb dieser Branchen. Sowohl die Bekanntheit der Messen selbst als auch das internationale Vertriebsnetzwerk, über das die Messegesellschaften verfügen, besitzen eine erhebliche Hebelwirkung für B2B-Transaktionsplattformen und bieten damit optimale Bedingungen zur Entwicklung von B2B-Transaktionsplattformen. So ist beispielsweise die MEDICA in Düsseldorf mit rund 6.000 Ausstellern und über 100.000 Besuchern die international größte Medizin-Messe mit den Branchenschwerpunkten Medizintechnik, Gesundheit, Pharmazie, Pflege und Zulieferwirtschaft.[91] Wie in Kapitel 4.3.2.3 gezeigt wurde, steckt im Ein- und Verkauf von Medizinprodukten großes Potenzial für Handelsplattformen. Die Köln Messe ist beispielsweise international bekannt für ihre Möbelmesse oder die internationale Dental-Schau (IDS). Durch die internationale Ausrichtung vieler Messen besitzen Messegesellschaften insgesamt ein erhebliches Potenzial, den Bereich der B2B-Marktplätze nachhaltig zu gestalten. Die Messegesellschaften verfügen jedoch oft nicht über das Know-how und das Verständnis von B2B-Plattform-Geschäftsmodellen und zumindest aktuell gegebenenfalls auch nicht über die finanziellen Ressourcen zur Entwicklung von B2B-Plattformen. Der typische Messeveranstalter ist traditionell damit beschäftigt *„Quadratmeter zu verkaufen“*.[92] Um das Potenzial tatsächlich auszuschöpfen, welches mit den branchenspezifischen Netzwerken der Messegesellschaften für B2B-Plattformen einhergeht, müssen Messegesellschaften mit Gründern und Experten für B2B-Plattform-Geschäftsmodellen zusammengebracht werden. Da Messen Gesellschaften mit Landesbeteiligung sind, bieten sich hier optimale Voraussetzungen für die Landesregierung, die Entwicklung von B2B-Transaktionsplattformen nachhaltig mit zu beeinflussen.[93] Zwar gibt es in vielen Branchen bereits Start-ups, die sich im Be-

---

91 Vgl. https://www.medica.de/, abgerufen am: 6. Oktober 2020.

92 Diese Aussage stammt von dem Geschäftsführer der nmedia GmbH, Nicolaus Gedat, der sich auch gerne für weitere Gespräche bereit erklärt hat.

93 Zunächst wäre es in diesem Zusammenhang sinnvoll, dass sich die Landesregierung als Miteigentümer ein Bild davon macht, wie die Messegesellschaften das Thema Digitalisierung und speziell B2B-Plattformen angeht. Gibt es Verantwortliche in den Führungsetagen, die sich speziell mit diesen Themen auseinandersetzen? Wie genau sieht deren Programm aus? Zentral wichtig ist, dass es bei den

reich Online-Marktplätze und B2B-Transaktionsplattformen positionieren. Diese Start-ups können jedoch keine vergleichbare Hebelwirkung entfalten, wie ein internationales Vertriebsnetzwerk und die Bekanntheit einer Messegesellschaft es könnte. Ein prominentes Beispiel ist die nmedia GmbH mit Sitz in Düsseldorf unter Beteiligung der Messe Frankfurt. Die Plattform versteht sich als Clearing-Center im B2B-Bereich mit einem branchenspezifischen Fokus auf den Haushaltswarenbereich. Mit dem digitalen B2B-Marktplatz NEXTRADE von nmedia werden aktuell mehr als 200 Lieferanten aus 30 Ländern mit ihren 300.000 Produkten mit über 2.100 Einkäufer aus 78 Ländern der gesamten Home & Living-Branche digital zusammengeführt. NEXTRADE ermöglicht es Händlern auf eine immer weiterwachsende Anzahl an nationalen und internationalen Top-Marken zuzugreifen.[94]

Auch in Bezug auf Finanzierungsaspekte besitzen Messeveranstalter den großen Vorteil, dass sie durch ihre internationale Bekanntheit und Vernetzung in vielen Branchen in Kombination mit einer guten Idee relativ leicht Investoren finden könnten. Es ist schwer vorstellbar, dass ein Start-up im Bereich von branchenspezifischen Transaktionsplattformen eine ähnliche internationale Bekanntheit und Vernetzung vorweisen kann. Ruft man sich die Diskussion aus Kapitel 3.2 in Erinnerung, dass die wesentlichen Erfolgskriterien nach Aussage aller Interviewpartner (sowohl Investoren als auch Geschäftsführer von B2B-Plattformen) die Vernetzung in einer Branche sowie Branchen-Know-how sind, dann lässt sich daraus schließen, dass Messeveranstalter auch Investoren schnell überzeugen könnten, dass die Kombination ihres Netzwerkes und eines guten B2B-Plattformmodells hohes Erfolgspotenzial hat.

In diesem Zusammenhang gilt es auch die derzeitige Situation zu bewerten. Wann und ob physische Messen in absehbarer Zeit auf ein *„Vor-Pandemie-Niveau“* zurückkehren, lässt sich heute schwer sagen. Gerade Großveranstaltungen wie Messen haben momentan mit den wirtschaftlichen Folgen der Corona-Pandemie zu kämpfen. Jede Krise kann jedoch auch Ausgangspunkt für eine neue Chance und die Entwicklung neuer Geschäftsmodelle sein. Gerade vor dem Hintergrund der wirtschaftlichen

---

Messegesellschaften Verantwortliche gibt, die sich nur mit diesem Thema beschäftigen.

94 Vgl. Pressemitteilung Messe Frankfurt vom Juli 2020, verfügbar unter: https://www.nmedia.de/sites/default/files/presse-news/nmedia%20in%20Messe%20Frankfurt%20Nextrade%20Internationalisierung%20Juni%202020.pdf, abgerufen am: 6. Oktober 2020.

Situation vieler Messeveranstalter muss hier schnell gehandelt werden, bevor andere die Chance ergreifen. Ist die Pandemie überstanden, so können B2B-Plattformmodelle neben den physischen Messen auch ein wichtiges Differenzierungsmerkmal von Messegesellschaften darstellen.

5.3 Förderung von Gemeinschafts-Plattformen

Wie in Kapitel 3.2 ausführlich dargestellt, stellt das Vertrauen, welches potenzielle Plattformnutzer einer B2B-Plattform entgegenbringen, eine wesentliche Voraussetzung für die Nutzung von B2B-Plattformen dar. Gründer von B2B-Plattformen müssen das Vertrauensproblem lösen, um Plattformnutzer auf beiden Seiten zu gewinnen und so das Henne-Ei-Problem zu lösen. Mangelndes Vertrauen bei potenziellen Plattformnutzern kann dabei durch verschiedene Faktoren hervorgerufen werden, beispielsweise durch Daten- und Rechtssicherheitsbedenken oder auch durch Abhängigkeitsbedenken gegenüber Plattformbetreibern.

Es ist anzunehmen, dass diese Vertrauensprobleme besser gelöst werden, wenn sich mehrere Unternehmen zur Gründung einer gemeinsamen B2B-Plattform („*Gemeinschafts-Plattform*“) mit gemeinsamer Governance zusammenschließen. Bei Gemeinschafts-Plattformen können die Plattformmitglieder Plattformnutzer und Eigentümer zugleich sein. Durch die Festlegung einer gemeinsamen Governance haben sie die Möglichkeit, ihre Interessen zu harmonisieren, wodurch auch die angesprochenen Vertrauensprobleme besser gelöst werden. Die zugrunde liegende Idee wird im Folgenden am Beispiel von genossenschaftlichen B2B-Plattformen skizziert, wie sie im Rahmen der Experteninterviews bereits vorgeschlagen wurde. Zu berücksichtigen bleibt hierbei, dass jedoch weniger die Rechtsform zur Lösung des Vertrauensproblems entscheidend ist, sondern vielmehr die gemeinsamen Governance-Strukturen, die grundsätzlich auch durch andere Rechtsformen etabliert werden können.

Genossenschaften tragen durch ihre speziellen Corporate Governance-Strukturen zur Vertrauensbildung im Markt bei. Bei genossenschaftlich organisierten B2B-Plattformen sind die Genossenschaftsmitglieder Plattformnutzer und damit Eigentümer der Plattform zugleich. Folglich haben sie die Möglichkeit, Einfluss auf die Ausgestaltung von Algorithmen oder den Umgang mit Daten zu nehmen. Die Organisation über Genossenschaften bietet ihren Mitgliedern zudem die Möglichkeit des Co-Design der Plattform, d. h. die Genossenschaftsmitglieder können ihre Branchenkenntnisse einbringen, sodass die Software ihre Bedürfnisse exakt adressiert. Damit steigt der Mehrwert der B2B-Plattform für die Plattformnutzer. Ferner haben die Mitglieder Einfluss auf das Monetarisierungskonzept der Plattform, d. h. sie können selbst über die Höhe der Transaktionsgebühren für die Plattformnutzer entscheiden. Die Eigentümerschaft ermöglicht es den Unternehmen bzw. den Plattformnutzern zudem, die Plattform in die eigene Wertschöpfungskette zu integrieren und die Kooperationsrenten selbst abzuschöpfen; die Plattformnutzer müssen demnach keine Marginalisierung ihrer Gewinne fürchten. Von der Förderung und der Gründung von genossenschaftlichen Plattformen könnten insbesondere KMU profitieren. Ihnen fehlen häufig Kompetenzen, Ressourcen und Zeit, um in Eigenregie B2B-Plattformen erfolgreich im Markt zu positionieren. Kooperationen in Form einer Genossenschaft können dabei helfen, Kompetenzen und Ressourcen zu bündeln und damit die Markteintrittshürden für KMU zu senken.

Aus diesem Grund unterstützt derzeit z. B. der Baden-Württembergische Genossenschaftsverein die KMU dabei, genossenschaftlich organisierte B2B- und B2C-Plattformen zu gründen.[95] Die Landesregierung kann hier einen Beitrag leisten, indem sie Politik, Genossenschaftsverbände, Experten und KMU an einen Tisch bringt und über finanzielle Anreize oder explizite staatliche Förderungsmöglichkeiten zur Gründung von genossenschaftlichen B2B-Plattformen berät.

5.4 Wettbewerbsrecht und Marktregulierung

Die Entwicklung und das Wachstum von B2B-Plattformen dürften auch durch zukünftig veränderte Rahmenbedingungen im Bereich von Wettbewerbsrecht und Marktregulierung nicht unerheblich beeinflusst werden. Zu nennen ist hier zum einen die aktuelle GWB-Novelle (vgl. dazu Haucap 2019, 2020), zum anderen diverse Vorhaben auf EU-Ebene. Letztere sind insbesondere die Verabschiedung eines Digital Markets Acts (DMA) und die Überarbeitung der sog. Horizontal-Leitlinien und der dazugehörigen Gruppenfreistellungsverordnungen.

Durch die aktuelle GWB-Novelle wird insbesondere die kartellrechtliche Missbrauchsaufsicht geschärft. Am weitesten geht die Einführung eines neuen § 19a GWB, der eine regulierungsähnliche Missbrauchsaufsicht für Plattformen darstellt. Konkret kann das Bundeskartellamt nun durch

95 Vgl. https://www.wir-leben-genossenschaft.de/de/Genossenschaften-4-0-Potenziale-fuer-Plattformgenossenschaften-8200.htm, abgerufen am 20. Oktober 2020.

Verfügung feststellen können, dass einem Unternehmen, das in erheblichem Umfang auf Plattform-Märkten tätig ist, eine „überragende marktübergreifende Bedeutung“ (ÜMÜB) für den Wettbewerb zukommt. Das Bundeskartellamt kann einer solchen ÜMÜB-Plattform untersagen, „ 1. beim Vermitteln des Zugangs zu Beschaffungs- und Absatzmärkten die eigenen Angebote gegenüber denen von Wettbewerbern bevorzugt zu behandeln, (…) 2. Maßnahmen zu ergreifen, die andere Unternehmen in ihrer Geschäftstätigkeit auf Beschaffungs- oder Absatzmärkten behindern, wenn die Tätigkeit des Unternehmens für den Zugang zu diesen Märkten Bedeutung hat, (…) 3. Wettbewerber auf einem Markt, auf dem das Unternehmen seine Stellung, auch ohne marktbeherrschend zu sein, schnell ausbauen kann, unmittelbar oder mittelbar zu behindern, (…) 4. durch die Verarbeitung wettbewerbsrelevanter Daten, die das Unternehmen gesammelt hat, Marktzutrittsschranken zu errichten oder spürbar zu erhöhen, oder andere Unternehmen in sonstiger Weise zu behindern, oder Geschäftsbedingungen zu fordern, die eine solche Verarbeitung zulassen, (…) 5. die Interoperabilität von Produkten oder Leistungen oder die Portabilität von Daten zu verweigern oder zu erschweren und damit den Wettbewerb zu behindern, 6. andere Unternehmen unzureichend über den Umfang, die Qualität oder den Erfolg der erbrachten oder beauftragten Leistung zu informieren oder ihnen in anderer Weise eine Beurteilung des Wertes dieser Leistung zu erschweren, 7. für die Behandlung von Angeboten eines anderen Unternehmens Vorteile zu fordern, die in keinem angemessenen Verhältnis zum Grund der Forderung stehen (…).“

Damit kann das Bundeskartellamt den sog. ÜMÜB-Plattformen ex ante bestimmte Verhaltensweisen, wie etwa die Selbstbevorzugung, die Nutzung bestimmter Daten oder auch das Ausnutzen von Informationsasymmetrien, untersagen. Durch diese neue Vorschrift wird die kartellrechtliche Missbrauchsaufsicht deutlich geschärft und auch regulierungsähnlicher. Die Vielzahl unbestimmter Rechtsbegriffe als auch die Gefahr, dass die strikte Untersagung bestimmter Praktiken Effizienzgewinne und Wettbewerbsvorstöße verhindern können, haben jedoch auch zu kritischen Einschätzungen geführt (vgl. etwa Monopolkommission 2020), auch wenn im Gesetzgebungsprozess noch Präzisierungen erfolgt sind.

Darüber hinaus wird auch unterhalb der Schwelle der Marktbeherrschung für Plattformen, die über relative oder überlegene Marktmacht verfügen, die Beweislast auf die jeweilige Plattform verlagert werden, wenn diese das sog. Multi-Homing, also die parallele Nutzung mehrerer Plattformen, künstlich einschränken will. In der 10. GWB-Novelle wurde dieser Vorschlag in § 20 Abs. 3a GWB aufgegriffen, der wie folgt lautet: „Eine unbillige Behinderung im Sinne des Abs. 3 S. 1 liegt auch vor, wenn ein Unternehmen mit überlegener Marktmacht auf einem Markt im Sinne des § 18 Abs. 3a die eigenständige Erzielung von positiven Netzwerkeffekten durch Wettbewerber behindert und hierdurch die ernstliche Gefahr begründet, dass der Leistungswettbewerb in nicht unerheblichem Maße eingeschränkt wird."

Diese Regelung wird die Einschränkung von Multi-Homing bei Plattformen mit überlegener Marktmacht zwar nicht per se untersagen, aber die Beweislast umkehren. Ein Kippen des Marktes wird zwar letztlich nicht immer verhindert. Wenn etwa Unternehmen nachweisen können, dass Multi-Homing Ineffizienzen generiert und es daher sachlich gerechtfertigt ist, dies einzuschränken, wird der Markt weiterhin in ein Monopol umkippen. Jedoch wird eine Klausel, welche die Beweislast auf Plattformen mit überlegener Marktmacht überträgt, zumindest einen gewissen Rückhalt gegen das Kippen bieten und dazu beitragen, den Wettbewerb zu erhalten, wenn Multi-Homing möglich ist. Dies ist sinnvoll, weil bei Multi-Homing Wettbewerb zwischen den Plattformen nicht automatisch ein Verlust von Netzwerkeffekten bedeutet. Es ist daher sinnvoll, den Kartellbehörden bessere Möglichkeiten einzuräumen, das Erschweren von Multi-Homing schon frühzeitig zu unterbinden.

Weiter wird die Missbrauchsaufsicht gestärkt, indem das in Schweitzer et al. (2018) entwickelte Konzept der Intermediationsmacht dem Gesetzentwurf zufolge als neuer § 18 Abs. 3b in das GWB aufgenommen wurde. Dieser lautet wie folgt: „Bei der Bewertung der Marktstellung eines Unternehmens, das als Vermittler auf mehrseitigen Märkten tätig ist, ist insbesondere auch die Bedeutung der von ihm erbrachten Vermittlungsdienstleistungen für den Zugang zu Beschaffungs- und Absatzmärkten zu berücksichtigen." Mit der Übernahme des Konzeptes der Intermediationsmacht beschreitet das deutsche Kartellrecht auch international Neuland.

Weitere Stärkungen hat die Missbrauchsaufsicht zudem erstens durch die Streichung des Begriffs „kleiner und mittlerer" Unternehmen als Voraussetzung für einen Missbrauch bei relativer Marktmacht (§ 20 Abs. 1 GWB) erfahren sowie zweitens durch Regelungen zum Datenzugangsanspruch. Die Streichung des Begriffs „kleiner und mittlerer" Unternehmen als Voraussetzung für einen Missbrauch bei relativer Marktmacht trägt der Erkenntnis Rechnung, dass nicht nur der Mittelstand vor marktmächtigen Digitalkonzernen geschützt werden muss und eine Abhängigkeit auch bei großen Unternehmen bestehen kann.

Auch der Datenzugang für Dritte ist durch die 10. GWB-Novelle prinzipiell vereinfacht worden. In der GWB-Novelle ist ein Anspruch auf Datenzugang zum einen in § 19 Abs. 2 Nr. 4 GWB geschaffen worden, sodass Daten als wesentliche Einrichtung („essential facility") begriffen werden können. Zum anderen wurde neu § 20 Abs. 1a eingeführt, demzufolge sich eine Abhängigkeit auch daraus ergeben kann, „dass ein Unternehmen für die eigene Tätigkeit auf den Zugang zu Daten angewiesen ist, die von einem anderen Unternehmen kontrolliert werden. Die Verweigerung des Zugangs zu solchen Daten kann auch dann eine unbillige Behinderung darstellen, wenn ein Geschäftsverkehr für diese Daten bislang nicht eröffnet ist." Da § 20 Abs. 1a GWB noch über § 19 Abs. 2 Nr. 4 GWB in dem Sinne hinausgeht, dass die Schwelle für die Feststellung eines Missbrauchs deutlich niedriger ist, könnte § 19 Abs. 2 Nr. 4 GWB im Grunde überflüssig sein. Das Absenken der Eingriffsschwelle ist ökonomisch jedoch gut zu begründen, da Daten in der Nutzung regelmäßig nicht rivalisierend sind (vgl. Haucap 2018b, 2019).

Die neuen Regelungen sollten sich positiv auf die Entwicklung von B2B-Plattformen in Deutschland auswirken, da sowohl das Risiko reduziert wird, dass Unternehmen in Abhängigkeit von einzelnen B2B-Plattformen geraten, als auch die Gefahr, dass eine etwaige Abhängigkeit durch eine Plattform missbräuchlich ausgenutzt werden kann.

Das Ziel, Wettbewerb zwischen Plattformen zu befördern und zugleich zu verhindern, dass einzelne marktstarke Plattformen etwaige Abhängigkeiten ausnutzen, ist auch Ziel des aktuellen Vorhabens, einen Digital Markets Act (DMA) in der EU zu erlassen. Der Kern des Vorhabens besteht darin, bestimmte Praktiken für marktstarke Plattformen präventiv zu untersagen. Allerdings wird darauf zu achten sein, dass die Regulierung sich nicht wettbewerbshemmend auswirkt, wenn zu viele Plattformen erfasst werden. Eine Lehre aus der Implementierung der Datenschutzgrundverordnung etwa ist, dass kleine Unternehmen wesentlich stärker negativ betroffen sind als große Unternehmen (da die Regulierung aus Unternehmensperspektive vor allem Fixkosten verursacht, die für kleinere Unternehmen stärker auf die Durchschnittskosten wirken als für Großunternehmen). Diesen Fehler gilt es beim Design des Digital Markets Act (DMA) zu vermeiden. Der Anwendungsbereich sollte daher strikt auf Plattformen von erheblicher Bedeutung für den Wettbewerb beschränkt bleiben wie etwa die sog. ÜMÜB-Plattformen nach dem neuen § 19a GWB.

Von erheblicher Bedeutung für B2B-Plattformen dürfte auch die Überarbeitung der sog. Horizontal-Leitlinien und der entsprechenden Gruppenfreistellungsverordnungen sein. Hintergrund ist, dass die Zusammenarbeit von Wettbewerbern durchaus ein Mittel sein kann, Risiken zu teilen, Kosten zu sparen, Know-how zu bündeln sowie Investitionen und Innovation zu beschleunigen. Die Schaffung von B2B-Plattformen kann hier ein Beispiel sein. Weil horizontale Kooperationen jedoch die Gefahr erheblicher Wettbewerbsbeschränkungen bergen, besteht für Unternehmen bei einer Kooperation das Risiko, gegen Kartellrecht zu verstoßen. Um Unternehmen mehr Rechtssicherheit bei der Frage nach den kartellrechtlichen Grenzen horizontaler Kooperationen zu geben, hat die Europäische Kommission im Jahr 2011 die sog. Horizontal-Leitlinien erlassen. Daneben existieren sog. Gruppenfreistellungsverordnungen, die den wettbewerbsrechtlichen Spielraum ausgewählter Kooperationsformen erweitern: Die Spezialisierungsverordnung (Nr. 1218/2010) stellt Vereinbarungen über Spezialisierungen oder eine gemeinsame Produktion vom Kartellverbot frei, wenn die Wettbewerber auf dem relevanten Markt zusammen nicht mehr als 20 Prozent Marktanteil besitzen. Die F&E-Verordnung (Nr. 1217/2010) stellt Vereinbarungen über die gemeinsame Forschung und Entwicklung vom Kartellverbot frei, wenn der gemeinsame Marktanteil nicht mehr als 25 Prozent beträgt. Am 31. Dezember 2022 laufen die genannten Verordnungen nun aus. Aktuell evaluiert die Kommission sowohl die Horizontal-Leitlinien als auch die Gruppenfreistellungsverordnungen, um über etwaige Reformen zu entscheiden. Im Zuge dieser Reformen sollte beachtet werden, sinnvolle Kooperationen insbesondere im Rahmen von B2B-Plattformen nicht unnötig zu erschweren und hier für mehr Rechtssicherheit zu sorgen.

6. Fazit

Ziel der vorliegenden Studie war es, für das Land Nordrhein-Westfalen zu untersuchen, welche Potenziale, aber auch welche Hemmnisse der Standort Nordrhein-Westfalen für den Aufbau von B2B-Plattformen aufweist. Darauf aufbauend sollen Handlungsempfehlungen für die Landesregierung abgeleitet werden, wie Potenziale weiter gefördert sowie Hemmnisse abgebaut werden können.

Für Deutschland und speziell Nordrhein-Westfalen ergeben sich weitreichende Chancen und Möglichkeiten, in bestimmten Branchen wichtige Vorreiterrollen in der B2B-Plattformökonomie einzunehmen. Die ungebremste Dynamik und das schnelle Wachstum digitaler Technologien und Geschäftsmodelle erfordern ein schnelles Handeln auf Unternehmensseite, um die damit einhergehenden Chancen nicht zu verpassen.

Für Nordrhein-Westfalen wurden in dieser Studie in Bezug auf die B2B-Plattformökonomie zwei wesentliche Standortvorteile identifiziert: Zum einen der starke industrielle Sektor, etwa im Bereich Maschinenbau, Chemische Industrie oder der Stahl- und Metallindustrie und -verarbeitung, der insgesamt große Chancen im IoT, aber auch für andere B2B-Plattformen eröffnet. Zum zweiten profitiert Nordrhein-Westfalen davon, Standort für viele internationale Messen zu sein, was ein erhebliches Potenzial für Online-Marktplätze birgt. B2B-Plattformen können grundsätzlich in sämtlichen Branchen Effizienzpotenzial generieren. Jedoch sind der starke industrielle Sektor und die Messen zwei wesentliche Standortvorteile, die Nordrhein-Westfalen von anderen Bundesländern in Deutschland abgrenzt. Auch für den Dienstleistungssektor wurden B2B-Plattform-Potenziale für Nordrhein-Westfalen aufgezeigt. Ein Alleinstellungsmerkmal wie für die industriellen Branchen und in Bezug auf die Messen kann für den Dienstleistungssektor in Nordrhein-Westfalen jedoch nicht identifiziert werden.

Die Unternehmenslandschaft in Nordrhein-Westfahlen im Verarbeitenden Gewerbe ist geprägt von einer engen Ballung von Großkonzernen in einzelnen Branchen sowie einer Vielzahl von KMU und Forschungseinrichtungen. Es wurde gezeigt, dass insbesondere der Maschinenbau, die Chemische Industrie und die Stahl- und Metallindustrie und -verarbeitung ein erhebliches Effizienzsteigerungspotenzial durch B2B-Plattformen aufweisen. Als wesentliche Erfolgskriterien für B2B-Plattformen wurde das

Vorhandensein einer Schnittstelle zu den in einer Branche wichtigen/aktiven Akteuren und Branchen-Know-how identifiziert. Diese beiden Kriterien sind von zentraler Bedeutung, um das nötige Vertrauen bei potenziellen Plattformnutzern zu erzeugen, an der Plattform teilzunehmen. Mangelndes Vertrauen in Bezug auf Abhängigkeitsbedenken oder Daten(sicherheits-)aspekte etc. stellt ein wesentliches Hemmnis bei der Plattformnutzung dar. Namhafte, weltbekannte Unternehmen haben hier erhebliche Vorteile, Vertrauensprobleme bei der Plattformgründung relativ einfach zu überwinden, da sie für Qualität, Verlässlichkeit und Beständigkeit stehen. Zudem verfügen sie über das nötige Branchen-Know-how zur Entwicklung von B2B-Plattformen in ihren Branchen. Insbesondere deutsche Weltmarktführer im industriellen Bereich haben damit die Chance, eine wichtige Vorreiterrolle in der B2B-Plattformökonomie einzunehmen. Viele dieser Weltmarktführer haben ihren Sitz in Nordrhein-Westfalen. Durch die große Anzahl der KMU finden sich zudem relativ schnell Plattformnutzer, die zumindest in manchen Fällen bei der Plattformgründung hilfreich sein können, schnell die kritische Masse zu erreichen. Der starke industrielle Sektor in Nordrhein-Westfalen bietet damit grundsätzlich optimale Bedingungen, eine Vorreiterrolle in der B2B-Plattformökonomie in einzelnen Branchen einzunehmen. Das ist ein klarer Vorteil, den Deutschland insgesamt, aber auch Nordrhein-Westfalen im speziellen gegenüber Ländern mit weniger starkem industriellen Sektor hat.

Neben dem starken industriellen Sektor profitiert Nordrein-Westfalen davon, Standort zweier international anerkannter Messegesellschaften zu sein, an denen die Landesregierung Beteiligungen hält. Messegesellschaften bieten optimale Voraussetzungen dafür, die B2B-Plattformökonomie im Bereich der Marktplätze nachhaltig zu beeinflussen, da sie über die notwendigen internationalen Kontakte und Vertriebsnetzwerke sowie das erforderliche Branchen-Know-how verfügen. Hierdurch vermögen es Messegesellschaften einfach und schnell, die wesentlichen Hemmnisse für die erfolgreiche Gründung von B2B-Plattformen wie die Schaffung von Vertrauen im Markt und die Bildung einer kritischen Masse an Teilnehmern zu überwinden. Messegesellschaften haben hierdurch einen zentralen Wettbewerbsvorteil gegenüber Start-ups, die nicht über eine solche internationale Vernetzung verfügen. Der Markt für den B2B-E-Commerce ist eines der größten Segmente der deutschen Internetwirtschaft mit einer hohen erwarteten Wachstumsrate in den nächsten Jahren.[96] In diesem Bereich be-

96 Vgl. https://www.ibusiness.de/aktuell/db/337104SUR.html, abgerufen am: 28. Oktober 2020.

steht ein erhebliches Potenzial für branchenspezifische Marktplätze. Für die Landesregierung Nordrhein-Westfalen ergibt sich damit die einmalige Chance, aktiv dazu beizutragen, Messegesellschaften mit Plattformgründern und innovativen Start-ups zusammenzubringen und zum weiteren Aufbau von Online-Marktplätzen beizutragen.

Im Bereich der Dienstleistungen wurden Potenziale für Nordrhein-Westfalen insbesondere im Bereich Gesundheitswesen, Logistik, Handel, IKT und der Entsorgungsbranche identifiziert. Vorteile ergeben sich hier beispielsweise durch die Ballungsräume und die Bevölkerungsdichte Nordrhein-Westfalens sowie mit Blick auf die Logistik durch die zentrale Lage zu vielen angrenzenden europäischen Ländern.

Wesentliche Hemmnisse für die Plattformnutzung und -entwicklung stellen das bereits angesprochene Vertrauensproblem, aber auch unzureichende Digitalisierungskompetenzen in den Unternehmen und die Kosten und Investitionen dar, die aufgebracht werden müssen, um B2B-Plattformen zu nutzen oder zu entwickeln. Diese Hemmnisse sind grundsätzlich bei KMU und Unternehmen, die bislang keine B2B-Plattformen nutzen, größer als bei großen Unternehmen und Konzernen und solchen Unternehmen, die bereits B2B-Plattformen nutzen.

Als wesentliche Empfehlung für die Landesregierung kann daraus abgeleitet werden, durch gezielte Kommunikation insbesondere im Mittelstand zur Wissensbildung und Wahrnehmung der Potenziale von B2B-Plattformen beizutragen – insbesondere auch mit Blick auf die potenzielle Vorreiterrolle, die deutsche industrielle Unternehmen dabei einnehmen können. Kommunikation und Bewusstseinsbildung kann hier durch zielgerichtete, branchenspezifische Veranstaltungen stattfinden, beispielsweise durch die Organisation von Netzwerkveranstaltungen. Zudem können gezielte Bildungs- und Weiterbildungsangebote zu einer Reduzierung des allgemeinen Informationsdefizits zur Plattformökonomie, aber auch ganz spezifisch zur Erhöhung von IT-Kompetenz beitragen. Hier kann die Landesregierung aktiv einen Beitrag leisten, derartige Angebote bereitzustellen. Mit Blick auf den relativ geringen Digitalisierungsgrad vieler KMU wird ein wichtiger politischer Stellhebel zur Verbesserung der Digitalisierung dieser Unternehmen in der Heranführung der „*Offliner*" an die digitale Welt gesehen (vgl. IW Consult, 2017, S. 6). Förderprogramme, in denen Unternehmen mit IT- oder Geschäftsmodell-Fachleuten zusammenarbeiten, tragen zu einer offenen Innovationspolitik bei und können dabei helfen, Informationsdefizite in Unternehmen abzubauen und gemeinsame Lösungsansätze zu erarbeiten (vgl. BMWI, 2019b, S. 62).

Eine weitere Option, die B2B-Plattformentwicklung in Nordrhein-Westfalen zu forcieren, liegt in der Förderung von Gemeinschafts-Plattformen im B2B-Bereich, z. B. in der Rechtsform einer Genossenschaft. Genossenschaften tragen durch ihre speziellen Corporate Governance-Strukturen zur Vertrauensbildung im Markt bei. Genossenschaftlich organisierte B2B-Plattformen können sich demnach eignen, das Vertrauensproblem bei der Gründung von B2B-Plattformen zu überwinden. Die Landesregierung kann hier einen Beitrag leisten, indem sie politische Entscheidungsträger, Genossenschaftsverbände, Experten und KMU an einen Tisch bringt und über finanzielle Anreize oder explizite staatliche Förderungsmöglichkeiten zur Gründung von genossenschaftlichen B2B-Plattformen berät.

Literaturverzeichnis

Accenture (2016), Accenture Technology Vision 2016 People First: The Primacy of People in a Digital Age.

Adam, K. (2020), Blockchain-Technologie für Unternehmensprozesse - Sinnvolle Anwendung der neuen Technologie in Unternehmen, Berlin.

Altman, E. J., F. Nagle und M.L. Tushman (2014), Innovating without Information Constraints: Organizations, Communities, and Innovation. When Information Costs Approach Zero, Harvard Business School Working Paper 14-043.

Angerer, A., R. Schmidt, C. Moll, L. Strunk und U. Brügger (2017), Digital Health, die Zukunft des Schweizer Gesundheitswesens, Zürcher Hochschule für Angewandte Wissenschaften, Zürich.

Armstrong, M. (2006), Competition in Two-sided Markets, RAND Journal of Economics, Vol. 37, S. 668-691.

Bailin, A., P. Gal, V. Millot und S. Sorbe (2019), Like It or Not? The Impact of Online Platforms on the Productivity of Service Providers, OECD Economics Department Working Papers, No. 1548, OECD, Paris.

Benner, M. J. und M.L. Tushman (2015), Reflections on the 2013 Decade Award – "Exploitation, Exploration, and Process Management. The Productivity Dilemma Revisited" Ten Years Later, Academy of Management Review, Vol. 40, S. 497–514.

Bertenrath, R., M. Fritsch, K. Lichtblau und T. Schleiermacher (2017), Digitale Wirtschaft Nordrhein-Westfalen, Studie im Auftrag Initiative Digitale Wirtschaft NRW, des Ministeriums für Wirtschaft, Energie, Industrie, Mittelstand und Handwerk des Landes Nordrhein-Westfalen, IW Consult, Köln.

Bundeskartellamt (2016), Arbeitspapier – Marktmacht von Plattformen und Netzwerken, Think Tank Internet, Az. B6-113/15, Bonn.

Bundesministerium für Wirtschaft und Energie (BMWi) (2016), Grünbuch: Digitale Plattformen, Berlin.

Bundesministerium für Wirtschaft und Energie (BMWi) (2017), Digitalisierung der Gesundheitswirtschaft, Eckpunktepapier Berlin.

Bundesministerium für Wirtschaft und Energie (BMWi) (2019a), Ein neuer Wettbewerbsrahmen für die Digitalwirtschaft, Bericht der Kommission Wettbewerbsrecht 4.0, Berlin.

Bundesministerium für Wirtschaft und Energie (BMWi) (2019b), Die volkswirtschaftliche Bedeutung von digitalen B2B-Plattformen im Verarbeitenden Gewerbe, Berlin.

Bundesministerium für Wirtschaft und Energie (BMWi) (2019c), Germany`s Evolving Platform Landscape, Berlin.

Bundesverband der Deutschen Industrie (BDI) (2020), Deutsche digitale B2B-Plattformen, Berlin.

Busch, C. (2019), Der Mittelstand in der Plattformökonomie, Mehr Fairness für KMU auf digitalen Märkten, WISO Diskurs, 08/2019, Friedrich-Ebert-Stiftung: Abteilung Wirtschafts- und Sozialpolitik, Bonn.

Caillaud, B. und B. Jullien (2003), Chicken & Egg: Competition among Intermediation Service Providers, RAND Journal of Economics Vol. 34, S. 309-328.

Cowen, T. und A. Tabarrok (2015), The End of Asymmetric Information, CATO Unbound - A Journal of Debate, online verfügbar unter https://www.cato-unbound.org/2015/04/06/alex-tabarrok-tyler-cowen/end-asymmetric-information, abgerufen am: 20. August 2020.

Engelhardt, S., L. Wangler und S. Wischmann (2017), Eigenschaften und Erfolgsfaktoren digitaler Plattformen, Eine Studie im Rahmen der Begleitforschung zum Technologieprogramm AUTONOMIK für Industrie 4.0 des Bundesministeriums für Wirtschaft und Energie, Berlin.

Engels, G., C. Plass und F.-J. Rammig (2017), IT-Plattformen für die Smart Service Welt, Verständnis und Handlungsfelder, acatech Diskussionspapier, Berlin.

Europäische Kommission (2016), Public Consultation on the Regulatory Environment for Platforms, Online Intermediaries, Data and Cloud Computing and the Collaborative Economy, Brüssel.

Europäische Kommission (2020), Advanced Technologies for Industry – B2B-Platforms, Monitoring B2B Industrial Digital Platforms in Europe, Report of the European Commission, Brüssel.

Evans, D. S. und R. Schmalensee (2007), Industrial Organization of Markets with Two-Sided Platforms, Competition Policy International, Vol. 3 (1), S. 151-179

Falck, O., A. Heimisch, A. Jacob-Puchalska und A. Mazat (2015), Industrie 4.0 – Erwartungen und absehbare Effekte, ifo Schnelldienst, Jg. 68, S. 16-18..

Forster, M. (2017), Die Industrie in Nordrein-Westfalen, Homogener Wirtschaftssektor oder heterogenes Konglomerat?. Statistik Kompakt 10/2017, IT.NRW.

Fraunhofer IAO (2013), Produktionsarbeit der Zukunft – Industrie 4.0, Fraunhofer-Institut für Arbeitswirtschaft und Organisation.

Gantenbein, P., N. Herold und J. Engelhardt (2011) Unternehmensgründungen und Wirtschaftswachstum, WWZ Forschungsbericht, No. 2011/07, Universität Basel, Basel

Hartmann, B. (2016), Kommunikationsmanagement von Clusterorganisationen: Theoretische Verortung und empirische Bestandsaufnahme, Wiesbaden.

Haucap, J. (2018a), Big Data aus wettbewerbs- und ordnungspolitischer Perspektive, in K. Morik und W. Krämer (Hrsg.), Daten - wem gehören sie, wer speichert sie, wer darf auf sie zugreifen?, Verlag Ferdinand Schöningh: Paderborn, S. 95-142.

Haucap, J. (2018b), Daten als Wettbewerbsfaktor, Wirtschaftsdienst, Jg. 98, S. 472-477.

Haucap, J. (2019), Wettbewerbspolitik für die Datenökonomie, Wirtschaftspolitische Blätter, Jg. 66, S. 289-304.

Haucap, J. (2020), Plattformökonomie: neue Wettbewerbsregeln – Renaissance der Missbrauchsaufsicht, Wirtschaftsdienst, Jg. 100, Sonderheft 2020 (13), S. 20-29.

Haucap, J. (2021), Plattformökonomie und Wettbewerb, in: P. Kenning, A. Oehler & L.A. Reisch (Hrsg.), Verbraucherwissenschaften, 2. Auflage, Springer Verlag: Wiesbaden, S. 423-452.

Hellge, V. (2019), Personalmanagement in Unternehmensclustern: Empirische Analyse zur Konzeption eines Anforderungskataloges, Wiesbaden.

Hellmann, T. und M. Puri (2002), Venture Capital and the Professionalization of Start-up Firms, Journal of Finance, Vol. 57, S. 169-197.

Institut der deutschen Wirtschaft Köln (IW Köln) (2019), Plattformen, Infrastruktur der Digitalisierung, Eine Studie des vb/ bayme vbm, Köln.

IWC, IW, Fraunhofer (2019), DEMAND Whitepaper: Data Economy – Status Quo der deutschen Wirtschaft und Handlungsempfehlungen für Unternehmen.

Kempermann, H., A. Millack und T. Lang (2017), Potenziale des digitalen Wertschöpfungsnetztes Stahl, Die Rolle der Stahlindustrie als Enabler der Digitalisierung der deutschen Wirtschaft, IW Consult, Köln

Kiel, U. und A. Henke (2018), Branchenanalyse Möbelindustrie, Working Paper Forschungsindustrie Nr. 082, Hans Böckler Stiftung, Düsseldorf.

Koch, A., A. Jäger, T. König, T. Kronenberg, C. Lerch, J. R. Többe und N. Weidner (2019), Wirtschaftliche Bedeutung industrieorientierter Dienstleistungen in Nordrhein-Westfalen, Studie im Auftrag des Ministeriums für Wirtschaft, Innovation, Digitalisierung und Energie des Landes Nordrhein-Westfalen, Düsseldorf.

Koenen, J. und O. Falck (2020), Industrielle Digitalwirtschaft – B2B-Plattformen, Studie im Auftrag des Bundesverbands der Deutschen Industrie e.V., ifo Institut, München.

Landesregierung Nordrhein-Westfalen (2016), Wirtschaftsbereicht 2016, Düsseldorf.

Lichtblau, K., T. Schleiermacher, H. Goecke und P. Schützdeller (2018), Digitalisierung der KMU in Deutschland, Konzeption und empirische Befunde, IW Consult, Köln.

Lichtblau, K., M. Fritsch und A. Millack (2018), Digital-Atlas Deutschland, IW Consult, Köln.

Lundborg, M. und I. Gull (2019), Digitale Plattformen als Chance für den Mittelstand, Relevanz, Anwendungen, Transfer, Eine Erhebung der Mittelstand-Digital Begleitforschung, WIK, Bad Honnef.

Matischok, L., K.-U. Hess und F. Schmidt (2020), Wertschöpfung durch digitale Plattformen, Diskussionsbeitrag der Arbeitsgruppe „Digitale Geschäftsmodelle“ der Plattform Industrie 4.0 zur Bedeutung von digitalen B2B-Plattformen, Plattform Industrie 4.0, Berlin.

Mayer-Schönberger, V. und K. Cukier (2013), Big Data: A Revolution That Will Transform How We Live, Work, and Think, London.

McKinsey (2018), Digitalisierung im Gesundheitswesen: die Chancen für Deutschland, Studie in Kooperation mit dem Bundesverband Managed Care e.V. (BMC), Düsseldorf.

Meyer, T. (2008), Venture Capital: Brücke zwischen Idee und Innovation?, Deutsche Bank Research, Frankfurt.

NRW.BANK (2019), Regionalwirtschaftliche Profile Nordrhein-Westfalen 2019, NRW.BANK Research, Düsseldorf.

Prognos (2016), Lage und Zukunft der deutschen Industrie (Perspektive 2030), Eine Studie im Auftrag des Bundesministeriums für Wirtschaft und Energie, Berlin.

Reinartz, W, N. Wiegand und J.R.K. Wichmann (2020), The Rise of Digital (Retail) Platforms, IFH Whitepaper, Köln.

Riemensperger, F. und S. Falk (2019), Titelverteidiger. Wie die deutsche Industrie ihre Spitzenposition auch im digitalen Zeitalter sichert, München.

Rochet, J. und J. Tirole (2003), Two-Sided Markets: An Overview, Journal of the European Economic Association, Vol. 1, 990-1029.

Rogers, D. L. (2016), Digital Transformation Playbook: Rethink Your Business for the Digital Age, New York.

Simon, P. (2013), The Age of the Platform. How Amazon, Apple, Facebook, and Google have Redefined Business. Überarbeitete Auflage, Henderson.

Saxenian, A. (1994), Regional Advantage, Culture and Competition in Silicon Valley and Route 128, Cambridge, MA.

Stahlbock, R., L. Heilig und S. Voss (2018), Blockchain in der maritimen Logistik, Wiesbaden.

Verband Deutscher Maschinen und Anlagenbau (VDMA) (2018), Plattformökonomie im Maschinenbau, Frankfurt.

Verband der Internetwirtschaft e. V. – eco (2019), Positionspapier zur Regulierung digitaler Plattformen, Berlin.

World Economic Forum (2017), Digital Transformation Initiative: Unlocking B2B Platform Value, White Paper, Genf.

Zimmerlich, A., D. David und M. Veddern (2005), Übersicht B2B-Marktplätze im Internet: Branchenspezifische B2B-Marktplätze - empirische Erhebung, Internetökonomie und Hybridität, Universität Münster.

Anhang A: Auflistung der deutschen B2B-Plattformen in Nordrhein-Westfalen

Im Rahmen der vorliegenden Studie wurde u. a. untersucht, wie viele und welche B2B-Plattformen in Nordrhein-Westfalen beheimatet sind. Ziel dieser Recherche war es, möglichst viele B2B-Plattformen zu erfassen und zu kategorisieren und die wesentlichen Charakteristika der einzelnen Plattformen auszuarbeiten. Tabelle 5 enthält einen Überblick über die deutschen B2B-Plattformen in Nordrhein-Westfalen und skizziert deren Funktion.

Zur Identifizierung und Erfassung der B2B-Plattformen wurde auf Desk Research zurückgegriffen: So hat z. B. der BDI eine Übersicht zu B2B-Plattformen in Deutschland erstellt, die 79 Beispiele für B2B-Plattformen beinhaltet (vgl. BDI, 2019). Zudem fand die Erhebung über den an Industrie- und Handelskammern sowie Handwerkskammern verschickten Fragebogen statt. Darüber hinaus wurden Interviewpartner um Auskunft gebeten.

Tabelle 5: Deutsche B2B-Plattformen in Nordrhein-Westfalen

Name der Plattform	Unternehmensname	Adresse	Funktionsweise
Datenzentrierte Plattformen			
IIoT-Plattformen			
Enerlytics	Uniper SE	Holzstraße 6, 40221 Düsseldorf	Enerlytics ist eine Plattform für Kraftwerksbetreiber. Sie bündelt die gesamten Daten des Kraftwerks an einem Platz. Dadurch lässt sich über ein einziges Dashboard die Anlage überwachen, Wartungen planen und Effizienzen berechnen. Das Tool bereitet darüber hinaus Live-Daten auf und prognostiziert das Verhalten der Anlagen. Dies ermöglicht dem Betreiber das Erkennen von Verbesserungspotenzialen und Prozessoptimierung.
the@vanced	Kampf Schneid- und Wickeltechnik GmbH & Co. KG	Mühlener Straße 36, 51674 Wiehl	Die Plattform dient der Überwachung von Wertschöpfungsketten, spezialisiert auf bahnförmige Materialien. Sie ist modular anpassbar und Daten können in Echtzeit über die Cloud verarbeitet werden. Die Plattform ermöglicht darüber hinaus eine individuelle Auswertung der Produktionsdaten inklusive der Ableitung konkreter Maßnahmen zur Erhöhung der Produktivität und der Gesamtanlageneffektivität. Weitere Serviceleistungen der Plattform betreffen außerdem die Themen Verfügbarkeit, Wartung und Künstliche Intelligenz.
toii	thyssenkrupp AG	Thysenkrupp Allee 1, 45143 Essen	toii integriert Überwachung, Wartung und Steuerung von unterschiedlichen Maschinen, Aggregaten und Messinstrumenten (unterschiedlicher Hersteller und Generationen) in einer Plattform und stellt diese Daten dann visuell übersichtlich dem Benutzer bereit. Zielgruppe der Plattformen sind vor allem kleine und mittelständische Industrieunternehmen. Die Plattform besteht aus verschiedenen Komponenten: toii.connect ermöglicht die Anbindung und das Ablesen der Daten der Maschine, toii.control die Steuerung der Maschinen, toii.fusion die Visualisierung von Produktionsständen, toii.think die Produktionsoptimierung und Wartungsprognosen und toii.PDC ermöglicht die Einbindung manueller Daten.
Z-Cloud Analytics	Zolitron Technologies GmbH	Universitätsstraße 136, 44799 Bochum	Z-Cloud Analytics will die Entsorgungsbranche digitalisieren. Mithilfe eines Multisensors, der an Containern angebracht wird, kann eine KI dann den Füllstand, den Zustand etc. berechnen und diese Daten dem Besitzer und dem Entsorger bereitstellen. So sollen unnötige Fahrten/Leerungen verhindert werden.

Name der Plattform	Unternehmensname	Adresse	Funktionsweise
Datenzentrierte Plattformen			
elastic.io Integration Plattform	elastic.io GmbH	Rabinstraße 4, 53111 Bonn	Integrationsplattform, die Unternehmen hilft, Prozesse und Produkte online zu integrieren (z. B. bei SAP oder Amazon Redshift). Elastic.io automatisiert viele Schritte (über voreingebaute Konnektoren) und bietet zudem noch ein Monitoring der Daten an, um Engpässe oder Effizienzlücken zu finden. Die Plattform wirkt somit unterstützend bei einer kostengünstigen und intelligenten digitalen Transformation individueller Unternehmensprozesse, insbesondere der IT-Architektur.
Track Agheera	Agheera	Junkersring 5, 53844 Troisdorf	Eine Anwendung für Unternehmen, ihre Produkte nachzuverfolgen. Nach Einspeisung der Rohdaten kann der Versanddienstleister seine Flotte und der Absender sein Produkt zu jeder Zeit lokalisieren. Die Plattform arbeitet mit diversen Telematiksystemen für Transport auf Land, zu Wasser oder in der Luft.
Envelio	Envelio GmbH	Hildegard-von-Bingen-Allee 2, 50993 Köln	Assistent für Netzbetreiber, mit dem sie die Einspeisung den verschiedenen Stromquellen (Kraftwerke, Photovoltaik, Wind, etc.) planen können. Engpässe, Neuanschlüsse und sonstige Veränderungen werden vom System berechnet und aufgezeigt. Im Mittelpunkt der Plattform steht die digitalisierte und automatisierte Planung und Betreibung sowie die schnellere und effizientere Integration erneuerbarer Energien.
MAX (TK Elevator GmbH)	TK Elevator GmbH	Thyssenkrupp Allee 1, 45143 Essen (ab 2021 Düsseldorf)	Die Plattform bringt Aufzug- und Rolltreppenbetreiber mit Monteuren zusammen und soll durch Predictive Maintenance Ausfallzeiten reduzieren: Durch das Echtzeit-Ablesen von Maschinendaten wird in der Cloud die Ausfallwahrscheinlichkeit von Komponenten berechnet und der Monteur frühzeitig und automatisch darauf hingewiesen.
aifora GmbH	aifora GmbH	Kesselstraße 5-7, 40221 Düsseldorf	Retail- und Merchandiseplattform, mit der Händler ihre Produkte überwachen können. Es werden Produkt-, Unternehmens- und externe Daten eingespeist, mit deren Hilfe die KI-Kundenvorhersagen und Preisempfehlungen abgibt sowie Nachbestellungen überwacht.
wirbauen.digital GmbH	wirbauen.digital GmbH	Eiserfelder Straße 48, 57072 Siegen	Plattform für Bauwesen, die Architekten, Bauherren und Handwerker zusammen bringt. Auf der Website oder in der App werden Arbeitszeiten, Fortschritt und Rechnungen erfasst und dokumentiert. Durch tagesaktuelle Updates soll die Plattform insbesondere die Transparenz der Bauprozesse befördern und Kommunikation zwischen den Baubeteiligten erleichtern.

Name der Plattform	Unternehmensname	Adresse	Funktionsweise
Datenzentrierte Plattformen			
Daten-Plattformen			
ADVANEO Data Marketplace	Advaneo GmbH	Neuer Zollhof 2, 40221 Düsseldorf	Die Plattform unterstützt Unternehmen, deren Geschäftsmodelle auf datengetriebenen Anwendungen und KI-basierten Anwendungen liegt, bei ihrer digitalen Transformation. Auf diesem Marketplace können sich unterschiedliche Firmen zur Kollaboration finden. Dabei werden möglichst genaue Daten zu Produkten, Prozessen und Services gesammelt und angezeigt. Allerdings unabhängig von den Rohdaten, sodass Teilnehmer keinerlei Lizenzbedenken haben müssen, bis der Kontaktaufbau erfolgreich ist.
DMIx® Cloud	ColorDigital GmbH	Im Zollhafen 24, 50676 Köln	Auf dieser Plattform können Hersteller/Auftraggeber Informationen zu den Oberflächenmaterialien und Farben ihrer Produkte angeben. Farbwerte können punktgenau ermittelt und anschließend mittels der Plattform zwischen Auftraggeber und Hersteller sehr präzise kommuniziert und in die Produktionskette integriert werden. Eine patentierte Software berechnet dann ein realistisches Aussehen. Danach können Hersteller/Auftraggeber einen passenden Lieferanten finden.
EPLAN Data Portal	EPLAN Software & Service GmbH & Co. KG	An der Alten Ziegelei 2, 40789 Monheim am Rhein	EPLAN bringt Entwickler von Automatisierungsprozessen mit Produktherstellern zusammen. Dabei reicht es, sämtliche Daten digital einzuspeisen. Erwerber der Software-Lizenz haben Zugriff auf alle Daten und Automatisierungen, ohne einzeln verhandeln zu müssen.
Plan.One	Plan.One GmbH	Kammerratsheide 36, 33609 Bielefeld	Bringt Hersteller von Bauprodukten und -materialien mit Baufirmen, Architekten etc. zusammen. Es sollen wesentliche Produktinformationen für jegliche an der Produktionsplanung eines Bauprojektes beteiligten Komponenten in digitaler Form vergleichend und zentral zur Verfügung gestellt werden. Somit sollen sehr effizient Produktdetails und technische Informationen abgerufen und in gängige Planungssoftware übernommen werden können.
SPOCC	SPOCC GmbH & Co. KG	Hafenweg 5a, 59192 Bergkamen	Plattform für die Schuhbranche. Es werden sämtliche relevanten Daten zu einzelnen Produkten gesammelt, um so die Zusammenarbeit von Herstellern und Händlern zu fördern. Neben detaillierten Produktinformationen liegen auch Bestände und Daten der Zulieferer auf der Plattform bereit, die auf der gesamten Wertschöpfungskette für alle Akteure neue Effizienzpotenziale freilegen können.

Name der Plattform	Unternehmensname	Adresse	Funktionsweise
Datenzentrierte Plattformen			
Telekom Data Intelligence Hub	Deutsche Telekom AG	Friedrich-Ebert-Allee 140, 53113 Bonn	Stellt die Infrastruktur für verschlüsselte Datenkommunikation und Datenaustausch bereit. Unternehmen können bestimmen, welche Daten sie für wen freigeben. Der Telekom Data Intelligence Hub bietet keinerlei Speicherfunktion von Daten; er dient lediglich der sicheren Übermittlung. Darüber hinaus bietet die Plattform Daten-Analyse-Tools und unterstützt Unternehmen somit, ihre Datenstrategien zu implementieren.
VTH eData-Pool	IfCC GmbH	Am Bauhof 15a, 64839/40479/64807 Münster/Düsseldorf/ Dieburg	Plattform, die es Unternehmen ermöglicht, allen (ebenfalls angemeldeten) Vertragspartnern gleichzeitig Stammdaten und Updates zu ihren Produkten zu übermitteln. Damit vereinfacht sich der Kommunikationsaufwand deutlich.
fTRACE GmbH	fTRACE GmbH	Maarweg 133, 50825 Köln	fTRACE ist eine Plattform, auf der Hersteller und Händler die Informationen zur Herkunft, Verarbeitung und Qualität ihrer Produkte bereitstellen können. Im Zentrum der Plattform steht die Lieferkettenrückverfolgung in der Lebensmittelindustrie, mit Fokus auf Fisch- und Fleischverarbeitung. Die Plattform standardisiert die Anbindung sämtlicher Lieferanten, Erzeuger und Händler und liefert chargengenaue Daten an alle Beteiligten. Damit steigert sich die Effizienz und die Transparenz.
Marktplätze, Retail und Fertigungsplattformen			
CheMondis	CheMondis GmbH	Zeppelinstraße 9, 50667 Köln	CheMondis zentralisiert Kaufprozesse in der Chemischen Industrie. Teilnehmer finden Information zu Produkten und können Käufe, individuelle Anfragen und Verträge abschließen. Die Plattform bietet eine dynamische Suchfunktion, eine Vielzahl an Produktinformationen und Dokumente von einem sehr breiten Spektrum an Chemikalien sowie die Möglichkeit, Produkte und Angebote vergleichend gegenüberzustellen. Es können Einzelbestellungen aufgegeben oder längerfristige Aufträge verhandelt werden.
NEXTRADE	nmedia GmbH	Kirchfeldstraße 69A, 40217 Düsseldorf	Versteht sich als Online-Messe für Konsumgüter mit Schwerpunkt auf Haushaltsartikel und Interior Accessoires. Händler können den gesamten Beschaffungsprozess online abwickeln. Nextrade bietet ein einheitliches, digitales Daten- und Ordermanagement, wobei jeder Lieferant einen eigenen individuell anpassbaren Shop hat. Der wesentliche Vorteil der Plattform wird in dem Zugriff auf die vollständigen Produktbilder und Marketingmaterialien der Lieferanten durch die Händler gesehen.

Name der Plattform	Unternehmensname	Adresse	Funktionsweise
Datenzentrierte Plattformen			
OneTwo-Chem®	Evonik Digital GmbH	Rellinghauser Str. 1-11, 45128 Essen	Plattform für die Chemische Industrie. Allerdings mit Fokus auf individuelle Geschäfte und Spot-Geschäfte (kurzfristige Transaktionen). Die Plattform präsentiert Einkäufern gleiche Produkte verschiedener Hersteller und trägt somit zu einer verbesserten Vergleichbarkeit bei. Signalisiert der Einkäufer seine Nachfrage, kann der Anbieter nun ein individuelles Angebot platzieren.
PROTIQ	Phoenix, Contact GmbH & Co. KG	Flachsmarktstraße 8, 32825 Blomberg	Plattform für 3D-Drucke. Kunden können 3D-Daten hochladen und dann einen passenden Anbieter auswählen. Die Plattform unterstützt bei der Generierung der 3D-Daten als auch bei der Einzelstückfertigung bis hin zur Serienfertigung. Zielgruppe der Plattform sind insbesondere kleine und mittelständische Unternehmen.
Schüttflix	Schüttflix GmbH	Werner-von-Siemens-Straße 18, 33334 Gütersloh	Schüttflix bietet einen Marktplatz für Schüttgüter (für Tief-, Garten- und Landschaftsbau). Kunden, Hersteller und Spediteure können sich finden und direkt Käufe tätigen. Die Plattform vergleicht Angebote der Region und kalkuliert die optimalen Transport- und Materialkosten. Die Lieferung erfolgt dadurch deutschlandweit binnen kürzester Zeit und lässt sich durch integrierte Kartenfunktionen präzise festlegen und nachverfolgen.
Pinpools	Pinpools GmbH	Ohligser Straße 82, 42781 Haan	Pinpools besteht aus zwei Kernbereichen: Ein Auktionshaus für Basischemikalien, bei dem ein Nachfrager eine Anfrage über eine gewisse Menge stellt und die Anbieter daraufhin in eine Auktion gehen. Zudem ein Marktplatz für alle Arten von Rohchemikalien.
Metro Markets	Metro Markets GmbH	Am Albertussee 1, 40549 Düsseldorf	Ein Marktplatz für Non-Food Produkte aus dem Hotel, Restaurant und Catering Bereich. Ein Hotelier findet sämtliche Ausstattungen an einem Platz.
Mobilitäts Daten Marktplatz (MDM)	Bundesanstalt für Straßenwesen	Brüderstraße 53, 51427 Bergisch Gladbach	Plattform für Anbieter und Nutzer von Mobilitätsdaten (Verkehr, Baustellen, Parkmöglichkeiten, etc.). Der MDM bietet ein Kommunikationstool, aber auch Standardisierungen für den Datenaustausch, sodass Anbieter und Nachfrager eine zentralisierte Anlaufstelle haben. Die Plattform verspricht sich, Geschäftschancen durch geringere Markteintrittsbarrieren aufgrund der vereinfachten Zugänglichkeit zu Verkehrsdaten zu erschaffen und neue Forschungs- und Innovationsimpulse zu setzen. Darüber hinaus sieht sich die Plattform als Dialogforum und Treffpunkt der Verkehrsbranche.

Name der Plattform	Unternehmensname	Adresse	Funktionsweise
Datenzentrierte Plattformen			
Logarithmo	Logarithmo GmbH	Joseph-von-Fraunhofer-Straße 2, 44227 Dortmund	Logarithmo hilft Unternehmen aus dem Energiesektor oder der Logistik darin, auf Basis einer großen Online-Datenbank (und -Tools) neue Prozesse umzusetzen, bzw. bestehende zu optimieren. Digitale Lösungen wie hochwertige Datenanalysen, Prognoseverfahren, Optimierungen, Simulationen und BigData-Lösungen sollen leicht und durch jeden Mitarbeiter mittels einer cloudbasierten Web-App anzuwenden sein.
Metals Hub GmbH	Metals Hub GmbH	Platz der Ideen 1, 40476 Düsseldorf	Digitaler Marktplatz für Metalle und Ferrolegierungen. Gießereien veröffentlichen auf der Plattform detaillierte Suchanfragen zu Menge und Material, auf das Anbieter entsprechend reagieren können. Wesentlicher Vorteil der Plattform sind deutlich erleichterte Kommunikationswege und verbesserte Vergleichbarkeit.
Online Order System (OOS)	Messe Düsseldorf GmbH	Am Staad, 40001 Düsseldorf	Online Planer für Messeaussteller, mit dem sämtliche benötigten Produkte, Dienstleistungen bestellt werden können. Es werden ebenfalls Standskizzen, Dokumente und Rechnungen bereitgestellt.
Surplex GmbH	Surplex GmbH	Theodorstraße 105, 40472 Düsseldorf	Online-Industrieauktionshaus für gebrauchte Produktionsmaschinen. Die Industriegüter stammen häufig aus Betriebsschließungen, Restrukturierungen oder Insolvenzen. Die Plattform bietet darüber hinaus auch Industrieauktionen, Gutachten und Bewertungen an.
Univiva	Naontek AG	Völklinger Straße 1, 40219 Düsseldorf	Online-Portal für Seminare und Fortbildungen im Gesundheitswesen. Die Angebote lassen sich auf der Plattform gezielt suchen, buchen und verwalten.
DESKCLOUD	New Work Innovations GmbH	Rheinwerkallee 6, 53227 Bonn	Deskcloud bietet eine App, mit der sich Nutzer in Workspaces (Plätze, in denen man einen Arbeitsplatz mit Internetzugang hat, teilweise auch mit PC/Laptop) einbuchen können. In der App lassen sich zudem Teams erstellen und verwalten.
COMPEON GmbH	COMPEON GmbH	Am Wehrhahn 100, 40211 Düsseldorf	Eine Finanzierungsplattform, die zwischen Banken/Finanzierern und Unternehmen/Eigenständigen vermittelt und unabhängige Beratung anbietet. Verschiedene Finanzierungsmodelle lassen sich in Bezug auf Zins, Laufzeit, Eigenmittel und Sicherheiten vergleichend gegenüberstellen. Zielgruppe der Plattform sind Berater, Freiberufler und Selbstständige.

Name der Plattform	Unternehmensname	Adresse	Funktionsweise
Datenzentrierte Plattformen			
apadua GmbH	apadua GmbH	Subbelrather Straße 198, 50823 Köln	Ein Marktplatz für Beratertätigkeiten. Unternehmen können Beratungsprojekte online stellen, woraufhin Beraterfirmen Angebote machen können. Die Plattform vereinfacht für den Auftraggeber die Projektbeschreibung, Beraterwahl, die Auftragsvergabe und die Qualitätssicherung. Apadua bietet branchenspezifische Lösungen, exklusiven Zugriff auf eine große Beraterdatenbank sowie die Überwachung laufender Projekte in Echtzeit.
Mapudo GmbH	Mapudo GmbH	Erkrather Straße 162, 40233 Düsseldorf	Marktplatz für Stahlhandel und Zubehör. Käufer finden ein händlerübergreifendes Sortiment von Stahl und Zubehör. Vorteile der Plattform liegen in einer standardisierten, vereinfachten Produktsuche.
Brick Spaces GmbH	Brick Spaces GmbH	Steinstraße 2, 40212 Düsseldorf	Eine Plattform für Pop-Up-Stores. Auf der Plattform findet eine Vermittlung von Gewerbeflächen statt. Nutzer können Gewerbeflächen anbieten, andere Nutzer können diese Nachfragen. Besonders dabei ist, dass diese Flächen auch für kurze Zeit angemietet werden können. So kann die Mietdauer von einem Tag bis zu einem Jahr gehen.
tradingtwins GmbH	Tradingtwins GmbH	Augustinerstraße 7, 50667 Köln	Ein Handelsplatz für Investitionsgüter. Wenn ein Unternehmen ein Gut benötigt, erstellt die Website selbstständig ein Angebot, sucht passende Anbieter heraus, zeigt Vergleichsangebote auf und stellt Kontakt her.
Redooo	Redooo GmbH	Robert-Bosch-Straße 20-22 50769 Köln	Redooo bringt Anbieter und Nachfrager von (Container-)Entsorgungen zusammen. Eine App verwaltet Ausschreibungen und Abrechnungen. Dabei legt der Nachfrage den Standort, Abfallart und die Containergröße fest. Die Plattform vermittelt diesen Auftrag dann an einen ihrer Entsorgungspartner.
ReUse and Trade	ReUse and Trade GmbH	Im Dörener Feld 3, 33100 Paderborn	Handelsplattform für wiederverwertbare Materialien. Kunden suchen nach gewünschten Materialien. Anbieter bieten ihre Materialien an. Kunden können für interessierte Materialien Angebote abgeben. Verkäufer erhalten eine Liste an Angeboten und können sich dann entscheiden, an wen sie verkaufen.

Name der Plattform	Unternehmensname	Adresse	Funktionsweise
Datenzentrierte Plattformen			
KI-Marktplatz	Fraunhofer-Institut für Entwurfstechnik Mechatronik IEM	Zukunftsmeile 1, 33102 Paderborn	Marktplatz für KI-Applikationen in der Produktentwicklung. Die Plattform bietet zertifizierte Standards für die Datensicherheit von für Anbieter und Kunden. Auf der Plattform werden produzierende Unternehmen mit KI-Anbietern über ein „intelligentes Matching“ zusammengebracht. Dafür legen die Anbieter von KI-Lösungen Kompetenzprofile an und Unternehmen durchlaufen eine Analyse zur Ermittlung von KI-Potenzialen. Durch einen Abgleich von Kompetenzen und Potenzialen werden automatisch Vorschläge für passende Partnerschaften abgeleitet.
Dgree	Dgree Education GmbH	Rosastraße 74, 45130 Essen	Online Portal zur Weiterbildung. Anbieter bieten direkt über die Plattform an; Unternehmen können ihre Mitarbeiter anmelden, die sich ihre Weiterbildungen dann frei selbst zusammenstellen können.
PackLogX	PackLogX GmbH	Christophstraße 11, 45130 Essen	Ein Marktplatz für Ladehilfsmittel (Paletten, Boxen, Kisten, etc.). Kunden platzieren ihren individuellen Bedarf an Ladehilfsmitteln. Daraufhin erhalten sie passgenaue Angebote verschiedener Hersteller. Aus diesen kann dann der präferierte Anbieter ausgesucht werden.
securious	securious	Michaelstraße 24a, 45138 Essen	Securious ermittelt für Unternehmen IT-Risiken und -Sicherheitslücken, zeigt Maßnahmen auf und stellt Kontakt zu Anbietern her. Dabei werden Unternehmen mehre Gefahrenszenarien vorgestellt, auf die man seine Webseite testen lassen kann. Die Plattform entwickelt zu jeder identifizierten möglichen Bedrohung individuelle Empfehlungen. Je nach IT-Affinität können die Maßnahmen selber ergriffen werden oder man kann auf einen Pool von IT-Sicherheitsberatern zurückgreifen
Maschinensucher	Maschinenseeker Group GmbH	Kronprinzenstraße 9, 45128 Essen	Ist ein klassischer B2B Marktplatz für neue und gebrauchte Industriemaschinen. Unternehmen inserieren gebrauchte Produkte, andere Unternehmen können aus einer großen Auswahl die benötigten Produkte nachfragen.
Frescue	Frescue		Marktplatz für Obst und Gemüse, welches nicht (mehr) gut genug für den Supermarkt ist.
Saloodo!	Saloodo! GmbH	Siegburger Straße 191 193, 50679 Köln	Saloodo! ist ein Hybrid aus einer Frachtenbörse und einer digitalen Spedition. Die Plattform richtet sich sowohl an Versender als auch an Transportunternehmen jeglicher Größe. Unternehmen mit Versandbedarf nutzen Saloodo!, um für ihre Stückguttranssporte sowie Teil- und Komplettladungen wettbewerbsfähige Angebote von geeigneten Transportunternehmen zu finden. Die Transporte werden dann sicher und unkompliziert abgewickelt.

Name der Plattform	Unternehmensname	Adresse	Funktionsweise
Datenzentrierte Plattformen			
Cargo-Bay	CARGO-BAY	Gildemeisterstraße 90, 33689 Bielefeld	Online-Spedition, die Frachtgutunternehmen mit Transportunternehmen zusammenbringt. Cargo-Bay übernimmt Zahlungsabwicklung und Überwachung.
Certif-ID	CERTIF-ID International GbR	Am Grauen Stein 33, 51105 Köln	Certif-ID bietet Unternehmen, Fachkräften und Bildungseinrichtungen die Möglichkeit, Zertifikate und Dokumente im industriellen Bereich schnell zu verifizieren. Dabei funktioniert die Plattform wie folgt: Trainingsinstitute stellen Zertifikate und Teilnahmebestätigungen über die Certif-ID-Plattform aus, welche dann fälschungssicher mittels Blockchain gespeichert werden. Jede Bescheinigung ist somit sicher und transparent rückverfolgbar, eine Manipulation unmöglich. Arbeitgeber nutzen die Plattform, um ihren Recruitingprozess zu verbessern und verschlanken. Der Bewerberpool wird im Rahmen des Screeningprozesses auf Basis der gewünschten Zielqualifikationen reduziert. Zeitgleich entfällt für den Arbeitgeber die Unsicherheit oder nötige Validierung, ob die angegebenen Qualifikationen tatsächlich vorhanden sind. Fachkräfte erhalten zielgerichtete Weiterbildungsangebote und können ihre jeweiligen Qualifikationen qualitätsgesichert dokumentieren und aktuellen sowie zukünftigen Arbeitgebern zur Verfügung stellen.
TIMOCOM	TIMOCOM GmbH	Timocom Platz 1, 40699 Erkrath	Logistikplattform, mit der Transporte und Einlagerungen geplant, abgewickelt und überwacht werden können. Zudem gibt es eine Börse für Fracht- und Laderäume.
empto®	Zentek Services Verwaltungs GmbH	Ettore-Bugatti-Straße 6-14, 51149 Köln	Digitaler Assistent für Entsorgungsvorgänge. Auf empto kann ein Gewerbetreibender Schritt für Schritt einen Entsorgungsauftrag einstellen. Der Gewerbetreibende gibt die Adresse ein, an dem der Abfallbehälter abgestellt werden soll, die Abfallart, die entsorgt werden muss und die gewünschte Containergröße. Nachdem der Auftrag online ist, können verschiedene Entsorgungsunternehmen ein individuelles Angebot abgeben, zwischen denen der Gewerbetreibende dann auswählt. So finden Entsorger neue Kunden, denen sie zeitnah und digital ein Angebot unterbreiten können. Gewerbetreibende haben mit dem empto Abfallmanager außerdem die Möglichkeit, auch externe Vereinbarungen über die Plattform zu organisieren und zu planen.

Name der Plattform	Unternehmensname	Adresse	Funktionsweise
Datenzentrierte Plattformen			
myOpenFactory EDI-Plattform	myOpenFactory Software GmbH	Campus-Boulevard 55, 52074 Aachen	Die Plattform verbindet Unternehmen aus technischen Bereichen (Maschinen, Anlagen, Antriebe, Automobile, Handel) und übernimmt Belegaustausch und Kommunikation. Ein Unternehmen braucht nur einmalig seine Daten eingeben, danach können per Klick weitere Lieferanten/Partner aufgeschaltet werden, ohne zusätzliche Kosten. Das komplette System ist cloudbasiert, sodass Nutzer kein eigenes ERP-System brauchen.
Zentrale Healthcare Plattform „ZHP.X3“	HMM Deutschland GmbH	Eurotec-Ring 10, 47445 Moers	Verbindet Krankenkassen mit Leistungserbringern. Durch diesen direkten Kontakt über ein einziges System kann eine Krankenkasse Versorgung, Aktenbearbeitung, Rechnungsabwicklung und Anträge gewährleisten.
oculavis	oculavis GmbH	Vaalser Str. 259, 52074 Aachen	Softwareplattform für den Remote-Kundenservice mittels Augmented Reality oder Datenbrillen. Ein Spezialist muss nicht vor Ort sein, sondern kann sich von seinem Büro aus dazuschalten. Die Software erkennt über die Kamera des Nutzergeräts Maschinen und kann automatisch Ersatzteile identifizieren und nachbestellen.
LEROMA GmbH	LEROMA GmbH	Rosmarinstraße 12K, 40235 Düsseldorf	Portal für Rohstoffe zur Lebensmittelproduktion, bestehend aus einem Marktplatz und einer Überschussbörse.
TELnet@NRW	Universitätsklinikum Aachen – Anstalt des öffentlichen Rechts	Pauwelsstraße 30, 52074 Aachen	Eine Plattform für Telemedizin. Video- und Audioanrufe werden über gesicherte Datenverbindungen hergestellt. Telemedizin ermöglicht es, medizinisches Wissen genau dort zu nutzen, wo es benötigt wird. Über eine gesicherte Datenleitung können sich Ärzte und Gesundheitsfachkräfte mittels einer Audio-Videokonferenz gemeinsam beraten – und das 24/7! Ein wichtiges Anwendungsfeld sind schwere Infektionen, die eine leitliniengerechte Antibiotikagabe erfordern. Über das sektorenübergreifende, digitale Gesundheitsnetzwerk TELnet@NRW stehen – unter Leitung der Klinik für Operative Intensivmedizin und Intermediate Care des Universitätsklinikums Aachen – in den Universitätskliniken Aachen und Münster Teams aus erfahrenen Fachärzten und Oberärzten sowie Intensivpflegekräften kontinuierlich mit Rat und Tat zur Seite. Die Ärzte können sich so jederzeit kollegial besprechen.

Name der Plattform	Unternehmensname	Adresse	Funktionsweise
Datenzentrierte Plattformen			
firmendatenbanken.de	ISDF GmbH	Martin-Luther-Ring 133-135, 47447 Moers	Die Internetportale der FDB-BUSINESS sind auf den Business-to-Business-Bereich ausgerichtet. Sie ermöglichen dem Geschäftskunden eine kostenfreie Recherche nach Herstellern, Lieferanten und Produkten. Unternehmen aus Deutschland, Österreich und der Schweiz finden in den Portalen der FDB-BUSINESS anspruchsvolle Plattformen zur zielgerichteten Präsentation.
Partfactory	PART FACTORY – eine Marke der Grindaix GmbH	Marie-Curie-Straße 8, 50170 Kerpen	Netzwerk für Lohnfertiger, die Industriebauteile auf Anfrage herstellen. Kundenunternehmen laden Skizzen und benötigte Daten zu ihren Produkten hoch und bekommen Angebote zugesandt.
Digitale Gesundheitsplattform OWL	Unity AG (Projektleitung)	Lindberghring 1, 33142 Bühren	Vernetzt Krankenhäuser mit niedergelassenen Ärzten mithilfe eines zentralen Patienten- und Dokumenten-Indexes.
MotionWerk	Motionwerk GmbH	Rüttenscheider Straße 120, 45128 Essen	Eine Plattform für Nutzer von Elektroautos und Ladestationenbesitzer. Die App Share&Charge kann von beiden Seiten genutzt werden. Sie integriert Ladestationen in ein Abrechnungsnetzwerk.
Virado	ED Ensure Digital GmbH	Rheinlanddamm 201, 44139 Dortmund	Plattform für Versicherungsmakler, auf der sie kompakten Zugriff auf eine Vielzahl an Versicherungsangeboten haben. Außerdem werden vorgefertigte Formulare und Dokumente bereitgestellt. Alle auf Virado angebotenen Versicherungen können auf der eigenen Homepage integriert werden.
PostMaster	ControlExpert GmbH	Marie-Curie-Straße 3, 40764 Langenfeld	ControlExpert betreibt mehrere Plattformen für Versicherungen, Leasinggesellschaften, sonstige Fuhrwerksunternehmen, Werkstätten und Autohäuser. Die Services umfassen Abwicklungen rund um Unfälle und deren Folgen, sowie die Kostenprognose mithilfe von KI und die Prüfung von Kostenvoranschlägen. Bei PostMaster können Werkstätten, Lackiereien etc. ihre Kostenvoranschläge hochladen. Nach Prüfung durch ControlExpert werden buchungsfertige Aufträge übermittelt.

Name der Plattform	Unternehmensname	Adresse	Funktionsweise
Datenzentrierte Plattformen			
ONERGYS GmbH	ONERGYS GmbH	Nordwall 39, 47608 Geldern	Eine Plattform für dezentrale Energietechnik: neue Produkte, Ersatzprodukte, Gebrauchtwaren, Verschleißprodukte und Dienstleistungen. Unternehmen geben ihre Maschinendaten an und bekommen automatisch Wartungs- und Ersatzteilangebote. Die Website greift dafür auf Daten von den Herstellern zu. Darüber hinaus bietet Onergys noch weitere Dienstleistungen wie Beratung und Schulungen an.
Metru	Metru GmbH	Zechenstraße 11, 51103 Köln	Jobbörse mit dem Angebot, dass Nutzer ihre Bewerbungen, Lebensläufe etc. als Video aufnehmen (über eine interne Anwendung). Unternehmen erhalten ebenfalls die Möglichkeit, video-basierte Interviews zu erstellen. Die Fragen, als Video gestellt, zeigen, welches Team hinter einem Stellenangebot steht. Kandidaten erhalten einen aussagekräftigen Eindruck und Unsicherheiten, die ein Stellenangebot zur Rolle, zum Umfeld und Unternehmen vermittelt, verschwinden. Metru ermöglicht Kandidaten sowie Personalern das Kennenlernen vor dem Vorstellungsgespräch.
Orderspot	Orderspot	Hafenweg 16, 48155 Münster	Marktplatz für den Sofortkauf von Laserteilen. orderspot bietet für Kunden die Möglichkeit des Uploads von einer oder mehrerer CAD Dateien, beispielsweise für Laserteile. Dabei können auch ganze Bausätze hochgeladen werden. Der Kunde gibt das benötigte Material für die Bauteile an. Selbstverständlich für jedes Bauteil individuell auswählbar. Anschließend wird die gewünschte Oberflächenqualität ausgewählt. Zur Auswahl stehen sämtliche Materialien, die mindestens einer der teilnehmenden Lieferanten bei orderspot anbietet. Zum Schluss wird noch die benötigte Menge eingegeben. Der Kunde erhält eine Übersicht aller Lieferanten und kann seine Auswahl des geeigneten Anbieters selber treffen.
Foodhub NRW	Wiedeking Events GmbH	Rather Straße 25, 40476 Düsseldorf	Foodhub NRW ist eine Innovationsplattform und Community. Sie vernetzt Akteure der Agrar- und Lebensmittelbranche vom Feld zum Regal, um gemeinsam zukunftsgerichtete Lösungen für die Branchen zu entwickeln.
matchmaker.ruhr	Business Metropole Ruhr GmbH	Am Thyssenhaus 1-3, 45128 Essen	Vernetzt Start-ups, Kunden, Partner und Investoren miteinander. Man stellt seine Produkte und Gesuche ein und der Algorithmus stellt wöchentlich passende Start-ups, Lösungen, Kunden, Partner & Investoren vor.

Name der Plattform	Unternehmensname	Adresse	Funktionsweise
Datenzentrierte Plattformen			
DigiX	Industrie- und Handelskammer Nord Westfalen	Sentmaringer Weg 61, 48151 Münster	Eine klassische B2B Plattform für IT-Dienstleister, Digitalisierungsberater und sonstige digitale Dienstleister.

Quelle: BDI 2020, Eigene Erhebung und Desk Research

Anhang B: Interviewleitfäden für B2B-Plattformen und Digital Hubs aus Nordrhein-Westfalen

Tabelle 6: Interviewleitfaden für Betreiber von B2B-Plattformen

	Unternehmensspezifische Erfolgsfaktoren
1	Wie kam es seinerzeit zu der Gründung des Unternehmens/Entwicklung der B2B-Plattform? Wie kam es zu der Geschäftsidee? (*Frage nur für Betreiber von B2B-Plattformen*)
2	Waren Sie bzw. Ihre Mitbegründer vorher schon in der Branche aktiv?
3	Wie wichtig sind Branchenkenntnisse für die erfolgreiche Gründung bzw. Entwicklung einer B2B-Plattform wie Ihrer?
4	Wie wichtig ist das Vertrauen der Plattformnutzer in die Plattform für den Erfolg dieser?
5	Wie bzw. mit welchen Maßnahmen können Betreiber von B2B-Plattformen das Vertrauen der potenziellen Plattformnutzer gewinnen? Präzisierung der Frage bei Bedarf: – Welche Rolle spielt dabei die Eigentümerstruktur der Plattform? – Welche Rolle spielt dabei die Erhebung, Verarbeitung und Nutzung bzw. Nutzbarmachung der Daten durch die Plattform? – Haben Unternehmen Angst, sich an eine Plattform zu binden, weil sie Marktmachtmissbrauch durch die B2B-Plattform befürchten, z. B. durch überhöhte Nutzungsentgelte? Wenn ja, wie lösen Sie dieses Problem?
6	Ist die regionale Nähe einer B2B-Plattform zu potentiellen Plattformnutzern relevant für die Kundenaquise?
7	Wie akquirieren Sie Ihre Kunden? Welche Kanäle nutzen Sie für die Kundenakquise bzw. die Bekanntmachung Ihrer Plattform?
8	Sind Investitionskosten eine signifikante Markteintrittsbarriere für Gründer und Entwickler von B2B-Plattformen?
	Fragen zu bedeutenden Standortfaktoren für B2B-Plattformen
9	Wie beurteilen Sie das Start-up-Ökosystem im Bereich der Digitalisierung in Nordrhein-Westfalen? Bietet es gute Voraussetzungen für die Entwicklung von B2B-Plattformen? Präzisierung der Frage bei Bedarf: – Gibt es in NRW für B2B-Plattform-Start-ups gute Vernetzungs- und Kontaktmöglichkeiten zu anderen B2B-Start-ups und etablierten Unternehmen? – zu Hochschulen und Forschungseinrichtungen? – zu potenziellen Kunden bzw. Plattformnutzern? – Gibt es in NRW für B2B-Plattform-Start-ups ein vielfältiges und umfangreiches privates und öffentliches Fördersystem? – Gibt es in NRW für B2B-Plattform-Start-ups einen guten Zugang zu privaten Investitionen (Venture Capital, Business Angel, Crowdfunding)?
10	Welche Rolle spielen Cluster in NRW für die Gründung und Entwicklung von B2B-Plattformen? Forcieren die Cluster die Digitalisierung der Clusterakteure und damit die Gründung und Entwicklung von B2B-Plattformen?

11	Begünstigt die Branchenstruktur in NRW die Gründung und Entwicklung von B2B-Plattformen? Wenn ja, inwiefern?
12	Was hemmt Ihrer Meinung nach die Gründung und Entwicklung von B2B-Plattofrmen in NRW insbesondere? Präzisierung der Frage bei Bedarf: – Unternehmen in NRW sehen keinen Mehrwert in B2B-Plattformen. Wenn ja, warum? – Digitalisierungsgrad der Unternehmen in NRW. – Unzureichende Verfügbarkeit von IT-Fachpersonal. – Sonstiges...
13	Was denken Sie? Aus welchen wichtigen Gründen entscheiden sich die B2B-Plattformbetreiber für NRW als Unternehmensstandort? Welche guten Voraussetzungen für B2B-Plattformen gibt es bereits in Nordrhein-Westfalen?
	Fragen nach Plattformpotenzial von Branchen
15	Welche Branchen verfügen über gute Voraussetzungen für das Entstehen von B2B-Plattformen und warum?
16	Welche Kriterien sind zu berücksichtigen, wenn man eine bestimmte Branche auf ihr Potenzial für B2B-Plattformen prüft?
	Abschlussfragen
17	Welche Verbesserungsvorschläge hinsichtlich der Rahmenbedingungen haben Sie, damit mehr B2B-Plattformen in NRW gegründet werden bzw. junge B2B-Plattformen das Unternehmenswachstum besser bewerkstelligen und sich auch im internationalen Wettbewerb behaupten können?
18	Kennen Sie weitere B2B-Plattformen, die in NRW beheimatet sind, mit denen wir in Kontakt treten sollten?
19	Kennen Sie Initiativen von Unternehmen, Forschungseinrichtungen etc., die eine Gründung bzw. Entwicklung von B2B-Plattformen in NRW zum Ziel haben, mit denen wir in Kontakt treten sollten?

Tabelle 7: Interviewleitfaden für Digital Hubs aus Nordrhein-Westfalen

	Unternehmensspezifische Erfolgsfaktoren
1	Haben Sie bereits die Möglichkeit gehabt, die Gründung und Entwicklung von B2B-Plattformen zu begleiten? Wenn ja, welche?
2	*Bitte jeweils gesondert für IoT- und Transaktionsplattformen:* Wie wichtig waren bzw. sind Ihrer Meinung nach Branchenkenntnisse für die erfolgreiche Gründung bzw. Entwicklung einer B2B-Plattform?
3	*Bitte jeweils gesondert für IoT- und Transaktionsplattformen:* Wie wichtig ist das Vertrauen der Plattformnutzer in die Plattform für den Erfolg dieser? Wie bzw. mit welchen Maßnahmen können Betreiber von B2B-Plattformen das Vertrauen der potenziellen Nutzer gewinnen? Präzisierung der Frage bei Bedarf: – Welche Rolle spielt dabei die Eigentümerstruktur der Plattform? – Welche Rolle spielt dabei die Erhebung, Verarbeitung und Nutzung bzw. Nutzbarmachung der Daten durch die Plattformbetreiber? – Haben Unternehmen Angst, sich an eine Plattform zu binden, weil sie Marktmachtmissbrauch durch die B2B-Plattform befürchten, z. B. durch Erhebung überhöhter Nutzungsentgelte?
4	*Bitte jeweils gesondert für IoT- und Transaktionsplattformen:* Ist die regionale Nähe einer B2B-Plattform zu potenziellen Plattformnutzern relevant für die Kundenaquise?
5	*Bitte jeweils gesondert für IoT- und Transaktionsplattformen:* Wie akquirieren die B2B-Plattformunternehmen Kunden? Welche Kanäle nutzen Sie für die Kundenaquise bzw. die Bekanntmachung Ihrer Plattform.
6	Sind Investitionskosten eine signifikante Markteintrittsbarriere für Gründer und Entwickler von B2B-Plattformen? Wenn ja, welche Investitionskosten stellen insbesondere ein Problem dar? – Kosten für die Entwicklung der Plattform – Kosten für die Sichtbarmachung/Bekanntmachung der Plattform – Sonstige...

	Fragen zu bedeutenden Standortfaktoren für B2B-Plattformen
7	Wie beurteilen Sie das Start-up-Ökosystem im Bereich der Digitalisierung in Nordrhein-Westfalen? Bietet es gute Voraussetzungen für die Entwicklung von B2B-Plattformen? Präzisierung der Frage: a) Gibt es in NRW für B2B-Plattform-Start-ups gute Vernetzungs- und Kontaktmöglichkeiten zu – anderen B2B-Start-ups und etablierten Unternehmen? – Hochschulen und Forschungseinrichtungen? – potenziellen Kunden bzw. Plattformnutzern? b) Gibt es in NRW für B2B-Plattform-Start-ups ein vielfältiges und umfangreiches privates und öffentliches Fördersystem? Ist es gut regional verteilt? c) Gibt es in NRW für B2B-Plattform-Start-ups einen guten Zugang zu privaten Investitionen (Venture Capital, Business Angel, Crowdfunding)?
8	Welche Rolle spielen Cluster in NRW für die Gründung und Entwicklung von B2B-Plattformen? Forcieren die Cluster die Digitalisierung der Clusterakteure und damit die Gründung und Entwicklung von B2B-Plattformen?
9	Begünstigt die Branchenstruktur in NRW die Gründung und Entwicklung von B2B-Plattformen? Wenn ja, inwiefern?
10	Was hemmt Ihrer Meinung nach die Gründung und Entwicklung von B2B-Plattformen in NRW insbesondere? Präzisierung der Frage bei Bedarf: – Digitalisierungsgrad der Unternehmen. – Unternehmen (in NRW) sehen keinen Mehrwert in B2B-Plattformen. – Unzureichende Verfügbarkeit von IT-Fachpersonal. – Sonstiges…
11	Was denken Sie? Aus welchen weiteren wichtigen Gründen entscheiden sich die B2B-Plattformbetreiber für NRW als Unternehmensstandort? Welche guten Voraussetzungen für B2B-Plattformen gibt es bereits in Nordrhein-Westfalen?
	Fragen nach Plattformpotenzial von Branchen
12	Welche Branchen verfügen über gute Voraussetzungen für das Entstehen von B2B-Plattformen und warum?
13	Welche Kriterien sind zu berücksichtigen, wenn man eine bestimmte Branche auf ihr Potenzial für B2B-Plattformen prüft?
	Abschlussfragen
14	Welche Verbesserungsvorschläge hinsichtlich der Rahmenbedingungen haben Sie, damit mehr B2B-Plattformen in NRW gegründet werden bzw. junge B2B-Plattformen das Unternehmenswachstum besser bewerkstelligen und sich auch im internationalen Wettbewerb behaupten können?
15	Kennen Sie weitere B2B-Plattformen, die in NRW beheimatet sind, mit denen wir in Kontakt treten sollten?
16	Kennen Sie Initiativen von Unternehmen, Forschungseinrichtungen etc., die eine Gründung bzw. Entwicklung von B2B-Plattformen in NRW zum Ziel haben, mit denen wir in Kontakt treten sollten?